创新创业与税收筹划

李芸达 贲友红 / 主 编
马蓓丽 李秀丽 / 副主编

图书在版编目(CIP)数据

创新创业与税收筹划 / 李芸达主编. —上海：立信会计出版社,2023.3
ISBN 978-7-5429-7059-6

Ⅰ.①创… Ⅱ.①李… Ⅲ.①创业-教材 ②税收筹划-教材 Ⅳ.①F241.4②F810.423

中国国家版本馆 CIP 数据核字(2023)第 033614 号

策划编辑　　陈　旻
责任编辑　　陈　旻
封面设计　　吴博闻

创新创业与税收筹划
CHUANGXIN CHUANGYE YU SHUISHOU CHOUHUA

出版发行	立信会计出版社
地　　址	上海市中山西路 2230 号　邮政编码　200235
电　　话	(021)64411389　　传　真　(021)64411325
网　　址	www.lixinaph.com　　电子邮箱　lixinaph2019@126.com
网上书店	http://lixin.jd.com　　http://lxkjcbs.tmall.com
经　　销	各地新华书店
印　　刷	浙江天地海印刷有限公司
开　　本	787 毫米×1092 毫米　1/16
印　　张	11
字　　数	268 千字
版　　次	2023 年 3 月第 1 版
印　　次	2023 年 3 月第 1 次
书　　号	ISBN 978-7-5429-7059-6/F
定　　价	45.00 元

如有印订差错,请与本社联系调换

前 言

"大众创业、万众创新"是培育和催生经济社会发展新动力的必然选择,是扩大就业、实现富民之道的根本举措,是激发全社会创新潜能和创业活力的有效途径。截至2022年年底,中国国际"互联网+"大学生创新创业大赛连续举办八届,"创青春"中国青年创新创业大赛已经连续举办九届;"挑战杯"中国大学生创业计划竞赛已经举办十三届。"以赛促教、以赛促学、以赛促创",这些比赛为探索人才培养新途径、培养创新创业生力军、搭建产教融合新平台,激发全社会创新创业创造动能,助推科技创新成果转化应用,服务国家创新发展,提升高等教育创造力起到了十分重要的作用。这些比赛吸引数千万名大学生参赛,但在这股创新创业的热潮中,成功者或者成功的项目少之又少,可见,创新创业之路并非坦途。

许多成功案例表明,创新创业项目、商业计划和商业模式都可因势而变,关键在于创新创业者的综合素质与能力。高校作为前沿科学、尖端技术、先进文化和创新思想的发源地,是创新创业的主战场。如何开展创新创业和专业的融合教育成为一个非常重要的课题。

结合历年来江苏理工学院和常州工学院开展创新创业教育的经验,以及多年组队参与全国各类大学生创新创业竞赛的实践,从提升大学生创新创业素养的角度出发,以税收筹划为切入点,我们编写了本书。本书编写目的主要包括:①塑造创业者创新创业精神,培养正确的创业思维。②帮创业者树立依法纳税的思想,让创业者知税懂税。③帮创业者熟悉各项税收优惠政策,激发创业动机,促进创新创业发展。④提升创业者的税收筹划意识,帮助其合法合理节税,减少创业成本。

本书由李芸达和贡友红担任主编,马蓓丽、李秀丽担任副主编。具体编写分工如下:马蓓丽编写第一和第二章;李芸达编写第三章;贡友红编写第四和第五章;李秀丽编写第六章;卿笃炼编写第七章。在本书编写过程中,我们参考了许多专家、学者的研究成果,还得到了天地(常州)自动化股份有限公司正高级会计师曹桂芳、常州市国家税务局有关领导和同志的支持与帮助,部分观点来自网络,在此一并表示感谢。

本书所引用的税收政策和税收管理内容截至2022年4月底,读者在实际运用时请以新规定为准。在写作过程中,我们进行了大量调研,搜集了大量资料,研读了大量的法律文件和相关论著。若书中存在疏漏或不足之处,恳请广大读者和学界专家批评指正,联系邮箱 1527921517@qq.com。

创新、创业,创未来。创新创业正在成为一种价值导向、一种生活方式和一种时代气息。希望本书能够匹配高等教育综合改革方向和时代发展要求,助力创业者形成正确的税收理念,为每个有梦想的创业者提供正确的创新创业与税收筹划指导;同时,也为丰富和发展创新创业教育课程建设,积极探索专业教育与创新创业教育融合提供可行方案。

编者

目 录

第一章　创新与创业概述 ··· 001
第一节　创新与创新思维 ··· 002
第二节　创业与创业精神 ··· 010

第二章　创新创业的实施 ··· 023
第一节　创业团队的组建 ··· 024
第二节　创业资源的整合 ··· 033
第三节　商业模式的设计 ··· 042
第四节　商业计划书的撰写 ··· 055

第三章　创新创业企业涉税概述 ··· 061
第一节　税收概述 ··· 062
第二节　企业涉及的税收项目 ··· 083
第三节　企业的税收征收和税款缴纳 ··· 084

第四章　创新创业企业的税收优惠 ··· 089
第一节　税收优惠的形式 ··· 090
第二节　企业初创期的税收优惠 ··· 092
第三节　企业成长期的税收优惠 ··· 104
第四节　企业成熟期的税收优惠 ··· 107

第五章　创新创业企业税收筹划的基本方法和途径 ··· 111
第一节　节税需要筹划 ··· 112
第二节　企业税收筹划的基本方法 ··· 118
第三节　企业实现税收筹划的途径 ··· 124

第六章 创新创业企业设立与税收筹划 ······ 127
第一节 企业设立的法律流程 ······ 128
第二节 企业选址的技巧 ······ 134
第三节 企业设立环节的税收筹划 ······ 138

第七章 创新创业企业经营过程的税收筹划 ······ 148
第一节 采购环节的税收筹划 ······ 149
第二节 生产环节的税收筹划 ······ 151
第三节 销售环节的税收筹划 ······ 156
第四节 个人所得税的税收筹划 ······ 162

参考文献 ······ 168

第一章 创新与创业概述

 本章学习目的

学生通过本章的学习,形成对创新与创新思维的理性认识,了解创业的概念、创新和创业的关系、获取创新的方法和创业资源的途径;培养创新精神与团队意识,塑造良好的个性人格;领悟"大众创业、万众创新"是我国国家战略,创新引领和驱动发展已经成为我国发展的迫切要求,创新精神是一个国家和民族发展的不竭动力,也是一个现代人应该具备的素质,要勇于创新、敢于创业,在创业中体现对国家的热爱之情。

 本章关键词

创新思维　创业精神　创业资源　创业团队　商业模式

 本章思政点

创新方法　创新思维培养　创业精神　大学生创新创业问题

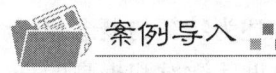 **案例导入**

寸心如丹志报国　双鬓作雪勤创业

雷光新是国内知名无人飞行器领域专家,北京航空航天大学本科、中国人民解放军国防科学技术大学研究生毕业,先后获国家级科研成果两项,军队科技进步一等奖一项,军队科技进步二等奖两项,国防专利授权两项。

退役后,雷光新于2015年创立深圳市苍泰科技有限公司,2020年创立贵阳丽天苍泰科技有限公司。由他带领团队自主研发的全新一代重载卡车缓速器及燃油热强化装置,拥有完全自主知识产权,拥有国家发明专利36项,在十余个主要发达国家和地区注册了发明专利,攻克了多项世界顶级技术难题,能有效解决大型汽车制动力不足,容易造成刹车失灵、爆胎等情况的世界性难题,挽救许多无辜者的生命。

从贵州小伙到北航学子,从大学生转变为军官,从退役军人转身为创业者……这一路,他矢志不渝,从不言败。在军旅生涯中秉持一颗爱国报国丹心,为祖国的国防建设奉献半生;在退役创业中坚守一份为民爱民情怀,为老百姓的生命安全潜心研发。雷光新说,作为一名退役军人,创业绝不能只为了个人利益,只有把更多的人放在心上,创业的路才能越走越顺畅。

(来源:http://szb.gzrbs.com.cn/pc/cont/202112/14/content_40048.html,贵州日报,2021.12.14)

问题:从雷光新创新与创业的经历,谈谈你对创新与创业的认识。

第一节 创新与创新思维

一、创新与创新方法

(一)创新的概念

创新是指基于现有的思维模式提出有别于常规或常人思路的见解,或者说是利用现有的知识和物质改进或创造出新的事物。

"创新"一词起源于拉丁语,原意有三层含义:第一,是更新;第二,是创造新的东西;第三,是改变。创新是人类特有的认识能力和实践能力,是人类主观能动性的高级表现形式,是推动民族进步和社会发展的不竭动力。

1912年,美籍经济学家熊彼特在《经济发展概论》一书中提出了"创新理论"。熊彼特认为,创新是指把一种新的生产要素和生产条件的"新结合"引入生产体系,包括五种情况:①引入一种新产品;②引入一种新的生产方法;③开辟一个新的市场;④获得原材料或半成品的一种新的供应来源;⑤采用新的组织形式。熊彼特的创新概念包含的范围很广,如涉及技术性变化的创新及非技术性变化的组织创新。

创新是人脑的一种机能和属性,是一种以新思维、新发明和新描述为特征的概念化过程。创新是人与生俱来的一种能力,同时也是可以在后天靠培训而重新激发和提高的一种能力。创新就要淘汰旧观念、旧技术和旧体制,培育新观念、新技术和新体制,意味着敢于打破常规,挣脱束缚,另辟蹊径。

(二)创新的分类

创新主要有思维创新、产品(服务)创新、技术创新、组织与制度创新、管理创新、营销创新和商业模式创新等。

1. 思维创新

思维创新是指通过思维主体的大脑的活动,运用各种思维的技能技巧,对知识信息进行加工处理,改变思维活动的模式或过程,获得新的思路、新的观念、新的方法和新的理论。思维创新是一切创新的前提,任何人都不应该封闭自己的思维。如果思维成定式,就会严重阻碍创新。为带来新观念、新思维,不断创新,部门或企业往往提出"不换脑筋就换人"或者不断招募新的人才。

2. 产品(服务)创新

产品(服务)创新就是使用户感受到不同于从前的崭新内容,是指新的设想、新的技术手段转变成新的或者改进的产品(服务)方式。对于生产企业来说,产品要创新;对于服务行业而言,服务也要创新。手机在短短的几年中由模拟机、数字机、可视数字机发展到可以上网,手机的更新演变,生动地告诉我们产品的创新之迅速。

3. 技术创新

技术创新是指生产技术的创新,包括开发新技术,或者将已有的技术进行应用创新。就一家企业而言,技术创新不仅指应用自主创新的技术,还可以是创新地应用合法取得的、他方开发的新技术,或已进入公有领域的技术,从而创造市场优势。技术创新是企业竞争优势的重要来源,是企业可持续发展的重要保障。但创业者要认识到,技术上的领先不等于创新成功。

4. 组织与制度创新

组织与制度创新是通过创设新的、更能激励员工行为的制度来规范实现组织的持续发展和改革的创新。企业通过组织与制度创新,可以改变人的行为风格、价值观念和熟练程度,同时能改变管理人员的认知方式。组织与制度创新一般分成以组织结构为重点的变革和创新、以人为重点的变革和创新、以任务和技术为重点的变革和创新三种类型。

5. 管理创新

管理创新是指在特定的时空条件下,通过计划、组织、指挥、协调、控制和反馈等手段,对系统所拥有的生物、非生物、资本、信息和能量等资源要素进行再优化配置,并实现人们新诉求的生物流、非生物流、资本流、信息流和能量流目标的活动。企业管理创新,最重要的是在组织高管层面有完善的计划与实施步骤以及对可能出现的障碍与阻力有清醒认识,帮助企业主和CEO塑造这一方面的领导能力,使创新与变革成为可能。

6. 营销创新

营销创新是指营销策略、渠道、方法和广告促销策划等方面的创新,是根据营销环境的变化情况,并结合企业自身的资源条件和经营实力,寻求营销要素在某一方面或某一系列的突破或变革的过程。营销创新是企业发展之源,也是目前中国企业遇到销售瓶颈时寻求突破的有效方法。

7. 商业模式创新

商业模式创新是指企业把新的商业模式引入社会生产体系,并为客户和自身创造价值。通俗地说,商业模式创新是指企业以新的有效方式赚钱。新引入的商业模式,既可能在构成要素方面不同于已有商业模式,又可能在要素间关系或者动力机制方面不同于已有商业模式。

(三)创新的方法

1. 缺点列举法

缺点列举法是指通过对已有的、熟悉的事物进行深入的分析,在对其缺点一一列举的基础上,找出相应的解决方案,从而完成创新的方法。

缺点列举法可以帮助我们突破"问题感知障碍",启发我们发现问题,找出事物的缺点和不足,从而有针对性地进行创新和发明。企业如果能站在消费者的立场上,切实改进产品的缺点,就能进一步满足消费者的需求,赢得市场的认可,从而为企业带来可观的经济效益。

案例1-1

二相插座的发明

1894年,松下幸之助出生在日本一个贫寒的家庭里。又瘦又小的他9岁起就开始打工养家。后来,他凭着一项发明开创了自己的事业。在那个时代,电源插座上的插口只有一个,也就是说,点上电灯就不能干别的了,如熨烫衣服等,人们使用起来很不方便,但大家都对此习以为常了,没有人着手进行改进。勤奋好学的松下幸之助很快就注意到了电源插座的这个缺点。于是,他开始动脑筋、想办法。怎样才能克服这种不便呢?经过反复思考和实验,他终于发明了二相插座,有效地克服了以前电源插座的缺点,赢得了巨大的市场。"为什么呢?怎么你会那么想呢?"松下幸之助经常这样问别人。正是他这种处处留意事物的不足和缺点并积极想办法改进的精神,才使得他做出了许许多多在电器方面的创新,而这些创新也成就了他的事业。因此,松下幸之助被誉为"经营之神"。

(来源:李红英,段桂英,肖斌.创新创业基础[M].北京:人民邮电出版社,2020:35.)

【解析】人们对于平时看惯了的事物,比较容易见怪不怪,习以为常。带着常见不疑这样的心理,就很难看到事物的"问题",而问题意识的缺乏,恰恰是创新的首要敌人。优秀的人总是善于看到普通人看不到的问题和缺点,从而获得成功。

2. 奥斯本检核表法

检核表法是指围绕需要解决的问题或者创新的对象,把所有的问题罗列出来形成核检表,然后对问题逐个加以讨论,以打破旧的思维框架,引向创新设想的方法。检核表法几乎适用于任何类型与场合的创新活动,因此享有"创新方法之母"的美称。目前,在不同的领域流传着许多检核表,但知名度最高的还是奥斯本检核表,而且后来许多方法都源于这张表。

奥斯本是美国创新技法和创新过程之父,他发明了针对某种特定要求制定的检核表,当时主要用于新产品的研制开发。奥斯本检核表法是指以该技法的发明者奥斯本命名、引导主体在创造过程中对照九个方面的问题进行思考,以便启迪思路、开拓思维想像的空间,促进人们产生新设想、新方案的方法。下面是奥斯本检核表的内容:

(1) 现有的东西(如发明、材料、方法等)有无其他用途?在保持原状的情况下,能否扩大用途?稍加改变,有无别的用途?

(2) 能否从别处得到启发?能否借用别处的经验或发明?外界有无相似的想法,能否借鉴?过去有无类似的东西,有什么东西可供模仿?谁的东西可供模仿?现有的发明能否引入其他的创造性设想之中?

(3) 现有的东西是否可以作某些改变?改变一下会怎么样?可否改变一下形状、颜色、音响和味道?是否可改变一下意义、型号、模具和运动形式?改变之后,效果又将如何?

(4) 现有的东西能否扩大使用范围?能不能增加一些东西?能否添加部件,拉长时间,增加长度,提高强度,延长使用寿命,提高价值,加快转速?

(5) 缩小一些怎么样?现在的东西能否缩小体积,减轻重量,降低高度,压缩、变薄?能否省略,能否进一步细分?

(6) 可否由别的东西代替,由别人代替?用别的材料、零件代替,用别的方法、工艺代替,用别的能源代替?可否选取其他地点?

(7) 能否更换一下先后顺序?可否调换元件、部件?是否可用其他型号,可否改成另一种安排方式?原因与结果能否对换位置?能否变换一下日程?更换一下,会怎么样?

(8) 倒过来会怎么样?上下是否可以倒过来?左右、前后是否可以对换位置?里外可否倒换?正反是否可以倒换?可否用否定代替肯定?从相反方向思考问题,通过对比也能成为萌发想象的宝贵源泉,可以启发人的思路。这是一种反向思维的方法,它在创造活动中是一种颇为常见和有用的思维方法。第一次世界大战期间,有人就曾运用这种"颠倒"的设想建造舰船,建造速度也有了显著的加快。

(9) 组合起来怎么样?能否装配成一个系统?能否把目的进行组合?能否将各种想法进行综合?能否把各种部件进行组合?等等。

需要指出的是,虽然奥斯本检核表当初是围绕产品设计的,但是现在广泛适用于各个领域。

3. 组合法

组合法是指将两种或两种以上的事物或理论的部分或全部进行有机组合、变革和重组,从而形成新产品、新思路或独一无二的新技术的方法。

据统计,现代技术创新中组合型成果已经占到60%~70%,这也验证了晶体管发明者肖克莱所说的一句话:"所谓创新,就是把以前独立的发明组合起来。"组合法是最常见的创新方法,许许多多的发明和革新都是组合的结晶。领域与领域之间的组合(如机电一体化)以及高精尖的科技成果的诞生在我们生活中,组合的产品随处可见。例如,牙膏+中药=药物牙膏;电话+视频采集+视频接收=可视电话;毛毯+电热丝=电热毯;台秤+微型计算器=电子秤;照相机+模/数转换器+存储器=数码相机;自行车+蓄电池+电机=电动自行车。

4. 移植法

移植法是指将某个领域中已有的原理、技术、方法、结构和功能等,移植应用到其他领域,导致新设想诞生的方法。"他山之石,可以攻玉",说的就是移植法。移植法是科学研究中最有效、最简便的方法,也是在应用研究中被运用得最多的方法。

重大科学成果有时来自移植,中国四大发明之一的造纸术,其技术就来自移植,即把丝加工技术移植到造纸中,不改变技术本身,只是改变了加工对象,由加工丝改成了加工植物纤维。例如,汽车发动机上汽化器的原理与香水喷雾器的原理相同;声音除尘器的构造类似于高音喇叭。

5. 头脑风暴法和菲利普斯66法

1) 头脑风暴法

头脑风暴法又称智力激励法,由美国的奥斯本发明、使用并发表之后,就风行全球,成为人们进行创新活动时最常用的方法。

当许多人在一起讨论问题时,各自以不同的思路思考可以突破各种局限,形成"互补效应";各种思想相互启发、互激升华,能形成"互激效应"。这种"互补效应"和"互激效应"使得集体思维能力大大高于个人思维能力,起到增强思维能力的作用。智力激励法就是根据这一现象而设计的,它以小团体会议的形式来提出或者解决问题。为了更好地运用这个方法,同时更好地发挥"互激效应",必须严格遵守以下四个基本原则:

(1) 延迟评价。延迟评价原则是智力激励法的精髓。在提出设想阶段,只能专心提设想而不能对设想进行任何评价,过早地评价会使许多有价值的设想被扼杀。延迟评价既包括禁止批评,又包括禁止过分赞扬。实行头脑风暴法首先必须禁止任何批评或指责性言行。这是因为会议成员的自尊心使他们在自己的设想遭到批评或指责时,会不自觉地进行"自我保护",只想如何保护自己的设想,而不去考虑新的甚至更好的设想。批评和指责是创新思维的障碍或抑制因素,是影响"互激效应"产生的不利因素。同样,夸大其词的赞扬也不利于创造性的发挥。

(2) 鼓励自由想象。自由想象是产生独特设想的基本条件。这一原则要求与会者尽可能解放思想,无拘无束地思考问题并畅所欲言,敢于突破,敢于"异想天开",不必顾虑自己的想法或说法是否"离经叛道"或"荒唐可笑",使思想保持"自由奔放"的状态。本原则下要熟练应用求异、想象、联想和扩散等多种创造性方法。

(3) 以数量求质量。要相信提出的设想越多,好设想就越多,因此要强调在有限的时间内提出尽可能多的设想。在安排会议时,可规定数量目标,如每人至少要有3个设想或更多。奥斯本认为,会议的初期往往不易提出理想的设想,在后期提出的设想中,有实用价值的设想所占的比例要高得多。

(4) 鼓励巧妙地利用并改善他人的设想。已经提出的设想不一定完善、合理,却往往能给出一种解题的思路。其他人可在此基础上进行改善、发展和综合,或由此受启发得到新的思路,从而提出更好的设想。

要遵守以上四个基本原则,才能充分发挥大家的创造性,保证会议气氛轻松、愉快,从而形成"互激效应",使大家想出更多、更好的解决问题的方案。

2) 菲利普斯66法

菲利普斯66法又称小组讨论法,是一种适用于小团队的创新方法。该方法以头脑风暴法为基础,采用分组的方式,限定时间,即每6人一组,每组围绕主题只能进行6分钟的讨论。该方法是由美国密歇根州希尔斯达尔大学校长菲利普斯发明的,因此被命名为菲利普斯66法。该方法的最佳应用场所是大会场,因人数很多,可通过分组形成竞争,使会场气氛热烈,犹如"蜜蜂聚会",因此,也有人把这种方法称为"蜂音会议"。

一个国家和民族的创新能力,从根本上影响甚至决定国家和民族前途命运。我们必须把发展基点放在创新上,通过创新培育发展新动力,塑造更多发挥先发优势的引领型发展,做到人有我有、人有我强、人强我优。当今世界,经济社会发展越来越依赖于理论、制度、科技、文化等领域的创新,国际竞争新优势也越来越体现在创新能力上。谁在创新上先行一步,谁就能拥有引领发展的主动权;新一轮科技和产业革命蓄势待发,世界各主要国家纷纷出台新的创新战略,加大投入,加强人才、专利、标准等战略性创新资源的争夺;虽然我们国家经济总量跃居世界第二,但大而不强、大而不优、臃肿虚胖体弱问题相当突出,主要体现在创新能力不强,这是我国经济的薄弱之处。通过创新引领和驱动发展已经成为我国发展的迫切要求。

二、创新思维

创新活动中除了有常规的逻辑思维外,还有一些与人们日常思维有异的特殊思维,即创新思维。创新思维使人能突破思维定式去思考问题,以新的思路去寻找解决问题的方法。

(一) 创新思维概述

1. 创新思维的定义

创新思维是指以新颖独创的方法解决问题的思维过程。这种思维能突破常规思维的界限,以超常规甚至反常规的方法、视角去思考问题,提出与众不同的解决方案,从而产生新颖的、独到的、有社会意义的思维成果。

创新思维运行的过程是创意的认知过程,创意输出的过程就是创造力产生的过程。也就是说,创新思维是创意的组成部分,也是创造力产生的"工具"。创新思维是在抽象思维和形象思维的基础上和相互作用中发展起来的,抽象思维和形象思维是创新思维的基本形式。

2. 创新思维的特征

创新思维具有以下五个特征:

(1) 思维方向的求异性,即从别人习以为常的地方看出问题。

(2) 思维结构的灵活性,即思维结构灵活多变、思路及时转换变通。

(3) 思维进程的突发性,即思维在时间上以一种突然降临的情景标志某个突破的到来,表现出一种非逻辑性的品质。

(4) 思维效果的整体性,即思维成果迅速扩大和展开,在整体上带来价值的更新。

(5) 思维表达的新颖性,即思维内容是前所未有的。

(二) 创新思维方式

创造性思维的方式通常有逆向思维、侧向思维、求异思维、类比思维、综合(集中)思维、发散(扩散)思维和联想思维等。

1. 逆向思维

逆向思维是指突破常规考虑问题的固定思维模式,采用与一般习惯相反的方向进行思考、分析的思维方式。通俗地讲,就是倒过来想问题。例如,水总是由高向低流动,有什么办法能使其由低向高流动呢？由此，人们发明了各种类型的泵。又如，说话声音高低能引起金属片相应的振动，相反金属片的振动也可以引起声音高低的变化。爱迪生在对电话的改进中，运用逆向思维，发明了世界上第一台留声机。再如，小孩掉进水里，把人从水中救起，是使人脱离水，是正向思维；司马光救人是打破缸，使水脱离人，这就是逆向思维。

2. 侧向思维

有位心理学家做过这样一个实验，把狗和鸡关在两堵短墙之间，用铁丝网将狗和鸡与一盆饲料隔开。鸡一看到饲料就马上直冲过去，结果左冲右突就是吃不到。狗先是蹲在那儿直勾勾地看着食物和铁丝网，又看看周围的墙，然后转身往后跑，绕过墙来到铁丝网的另一边，结果吃到了食物。人类在考虑某个问题时也有类似的现象，有人总是死抱着正面进攻的方法一味蛮干，丝毫不能解决问题；而有人则采用迂回战术，用意想不到的方法，轻而易举地获得成功，这就是侧向思维。

侧向思维与逆向思维一样，都是相对常规思维活动而言的。它们的区别在于：逆向思维在许多场合表现为与他人的思维方向相反，但轨迹一致；而侧向思维不仅在方向上不同，而且在轨迹上也有所不同，偏向于另辟蹊径。例如，要剪一个圆纸板，通常先在纸板上画出一个圆，再用剪刀仔细剪下，花费时间较长。有人想到用圆规画圆，把圆规的笔尖改装为小刀片，则圆规就成了一个很好的切圆片专用工具，这就用不同的方法解决了同一问题，还节省了时间。

3. 求异思维

求异思维的关键在于人不受任何框架、任何模式的约束，能够突破、跳出传统观念和习惯势力的禁锢，从新的角度认识问题，以新的思路、新的方法创造人类前所未有的更好、更美的东西。例如，1981年，英国王子查尔斯和王妃在伦敦举办了耗资10亿英镑的"世纪婚典"。商家在包装盒上印上了王子和王妃的照片，在各类产品上设计、印制了许多纪念图案，而其中最出色的应该是一家经营望远镜的公司。盛典之际，人山人海，当后排的人们正为无法看到王妃风采而着急时，该公司及时推来一车车"观礼望远镜"，人们蜂拥而上，不一会就将其抢购一空。按理说，婚礼与望远镜之间并没有什么直接联系，但精明的商人硬是从中找到了两者的内在联系，从而获取了丰厚的利润。这就是"求异"带来的成果。

4. 类比思维

类比思维是一种或然性极大的逻辑思维方式，它的创造性表现在发明创造活动中人们能够通过类比已有事物开启创造未知事物的思路，其中隐含着触类旁通的含义。它把已有的事物与一些表面看来与之毫不相干的事物联系起来，寻找创新的目标和解决的方法。例如，人们根据鸟的飞行运动制成了飞机；飞机在高速飞行时机翼会产生强烈振动，因此，有人根据蜻蜓羽翅的减振结构设计了飞机的减振装置。

5. 综合（集中）思维

在日常生活中经常会遇到这样的情况：由两个或更多的人拉一辆车或划一条船，尽管各人用力的方向各不相同，但车或船往往能朝着一个正确的方向——即合力的方向前进。在创新活动中，同样可以把几个不同的主意结合起来，或者取其长处重新组合起来，去解决同一个难题或完成同一件作品，这就是综合思维，又称集中思维。

6. 发散（扩散）思维

通常，人们考虑问题，由起点（提出问题）到终点（解决问题）总喜欢按一条思路进行，走不通就打住。也许，从多个不同角度换一个思路去考虑会很容易解决问题。这种围绕一个问题，突破常规思维的束缚，沿不同方向去思考、探索，寻找解决问题的各种可能性，由一点到多点的思维形式称为发散思维，又称扩散思维、多向思维、辐射思维。扩散的范围越广，产生的设想就越多，解决问题的可能性就越大。面对一个新方法、新技术、新规律、新产品和新现象，一个训练有素的发明者会考虑能否有其他更多的用途，制作更多类型的作品，设计新的装置，开创新的技术种类、新的系列化产品和新的应用领域。

7. 联想思维

联想是指从一种事物想到另一种事物的心理活动。联想可以是概念与概念之间的联想，也可以是方法与方法之间的联想，还可以是形象与形象之间的联想。由下雨想到潮湿，由烟雾想到白云，由狮子想到猫等，都是联想。联想的本质是发现原来没有联系的两个事物（现象）之间的联系。

（三）创新思维的培养

1. 知识是产生创新思维的必要前提

创新是建立在广博的知识基础之上的。没有厚实的知识积累，即使有了创新点子，也无法将点子转变为解决问题的方法。科幻小说中有许多相当新颖的创新思想，但限于科技知识水平，许多想法无法实现。培养创新思维的第一步，就是做好知识的积累。科学的创新来不得半点虚假，没有任何捷径可走。知识基础是对前人智慧成果的集成，是形成创造力的必要条件，离开了扎实宽厚的知识基础，就不可能顺利开展创新活动。现代社会的发展要求我们每个人不能只拥有单一的学科知识，而必须拥有跨学科的知识结构。只有如此，才能从多种角度去分析问题、解决问题，也更加容易形成创新思维。

2. 实践经验是创新思维的根本基础

创新源于实践。思维是先在实践基础上分析综合，然后再作出判断推理的过程。同理，创新思维也离不开实践活动。从伽利略在比萨斜塔上做的"两个铁球同时落地"的著名重力实验到牛顿的"万有引力"，再到爱因斯坦的"相对论"的力学发展历程，我们可以看到知识是在理论—实践—理论—实践过程中被不断创新发展的。我们在工作、学习和生活中，应当注重观察细节，积累实践经验，为创新思维打下坚实的基础。

3. 多向思维法是创新思维的基本方式

对一个问题的思考，不能只从一个角度入手，要力争从众多的新角度去观察思考，以求获得更多的新认识，提出更多解决问题的新方法。当我们不能直接解决问题时，可以尝试运用逆向思维、侧向思维、求异思维、类比思维、综合（集中）思维、发散（扩散）思维和联想思维的方式，从不同的方向提出解决问题的方法。

4. 创新思维过程中应避免的误区

在创新过程中，我们应当尽量避免两个误区。

第一，思维过度发散，舍近求远。例如，如何用高度表测量楼房高度？实验者提出了通过高度表在楼顶的摆动频率计算楼房高度；将高度表从楼顶自由垂直下落，通过高度表下落时间计算楼房高度等十来种方法,就是没有使用高度表直接读出楼房高度的方法。虽然这只是一个体现利用发散思维解决问题的例子,但是创新思维应当尽量避免这种思维方式。创新的目的就是要以最简单、最直接的方法解决问题,舍近求远解决问题不利于创新思维的发挥。

第二,过度求新,忽视创新成本。在创新过程中,还应当避免过度求新,而忽视了创新的实现代价与实现的价值之间的关系。在创新活动中一味求新,似乎不采用最新技术,不使用最新方法,就不能体现出创新水平。创新属于社会活动,与社会条件密切相关,太"超前"的创新技术,如果实现的代价高,远超它实现的价值,就不会在短时间内得到社会的认可和应用。

第二节 创业与创业精神

一、创业概述

(一) 创业的定义

"创业"一词在我国可以追溯到千年以前,《孟子·梁惠王下》有:"君子创业垂统,为可继也。"这里的"创业"即指开拓、创新的业绩。综合国内外学者的观点,"创业"有广义和狭义之分。广义的创业泛指具有开拓创新意义的社会变革活动。狭义的创业是指人类运用自己的知识和能力,以创造财富为目标,通过创新性思维,发现和捕获机会,合理规避和化解风险,不断创建新组织,开展新业务的过程。

(二) 创业的要素

人们研究创业活动的一个基本方法就是分析创业要素,即具备了哪些要素你就可以进行创业活动了。尽管研究的成果很多,如"三要素说",即技术、创新模式和创业团队;产品、资金、团队;资金、策划、市场;"四要素说",即创业者、创业机会、创业组织、创业资源;"五要素说",即眼光、思想、魄力、资本、关系。但迄今为止,在人们对创业要素的认识和分析中,蒂蒙斯模型是最为典型和公认的创业要素模型。该模型提炼出了创业的三大关键要素,即创业机会、创业者及其创业团队、创业资源,这三个核心要素是创业活动中不可或缺的。

1. 创业要素的内容

1) 创业机会

创业机会是创业过程的核心驱动力,如果没有机会,创业活动就成了盲动,难以创造真正的价值。创业机会可能是一个新的市场需求,或者是一个需求大于供给的市场需求,或者是一个可以开辟新产品的市场需求,这样的市场需求并非只有创业者认识到了,其他的竞争者也许会很快加入竞争的行列,因此,机会很重要。

2) 创业者及其创业团队

创业者及其创业团队是创业过程中的主导者和核心,如果没有创业者及其创业团队的主观努力,创业活动是不可能发生的。创业团队不是一群人的简单组合,而是一个特殊的群体,它要求团队成员能力互补,拥有共同的愿景和价值观,通过相互信任、自觉合作和积极努力而凝聚在一起,并且团队成员愿意为共同的目标奉献自己,发挥自己最大的潜能。

3) 创业资源

创业资源是指初创企业在创造价值的过程中需要的特定资产,其中包括有形与无形的资产,它是初创企业创立和运营的必要条件,主要形式表现为人才、资本、机会、技术和管理等。创业资源是创业成功的必要保证,创业者及其创业团队把握住合适的机会后,还需要有相应的资金和设备等资源,如果没有必要的资源,机会也就难以转化为成功。

2. 创业要素间的关系

有着"创业教育之父"美誉的杰弗里·蒂蒙斯在长期研究的基础上,提出了创业要素模型——蒂蒙斯模型,如图 1-1 所示。

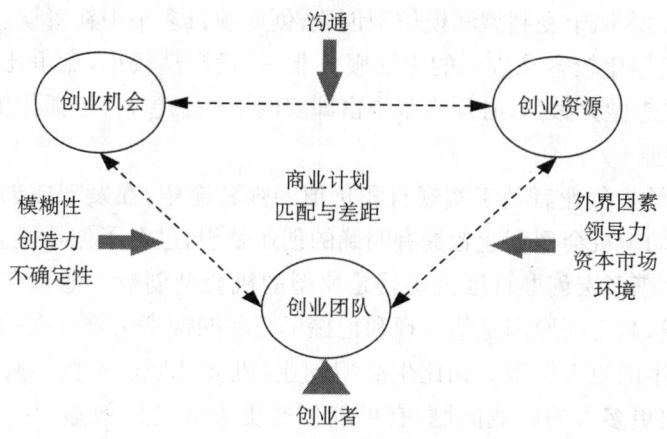

图 1-1 蒂蒙斯模型

在蒂蒙斯模型中,创业机会、创业资源和创业团队这三个创业核心要素构成一个倒立三角形,创业团队位于这个倒立三角形的底部。在创业初始阶段,创业机会较大,而创业资源较为稀缺,于是三角形向左边倾斜;随着新创企业的发展,可支配的资源不断增多,而机会则可能会变得相对有限,从而导致另一种不均衡。创业者必须不断寻求更大的机会,并合理使用和整合资源,以保证企业平衡发展。创业机会、创业资源和创业团队三者必须不断动态调整,以最终实现动态均衡。这就是初创企业的发展过程。

蒂蒙斯认为,在创业过程中,由于机会模糊、市场不确定、资本市场风险以及外部环境变化等因素经常影响创业活动,致使创业过程充满了风险,创业者必须依靠自己的领导、创造和沟通能力来发现和解决问题,掌握关键要素,及时调整机会、资源和团队三者的组合搭配,以保证新创企业顺利发展。

蒂蒙斯创业理论中,创业过程模型是目前公认的创业管理理论,其他理论都是在此基础上的补充、完善与量化。

(三) 创业的类型

随着创业活动的日益广泛，创业活动的类型也呈现出多样化的趋势。了解创业类型，比较不同类型创业活动的特点，有助于更好地理解和开展创业活动。创业类型的划分方式很多，所依据的标准也不尽相同。下面从不同的维度出发，以全面的视角看待创业，对创业的类型进行划分。

1. 基于创业动机的分类

依据创业者的创业动机，将创业分成生存型创业和机会型创业。

1) 生存型创业

生存型创业是指创业者受生活所迫，由于没有其他更好的选择，不得不参与创业活动来解决其所面临的困难的创业。这种类型的创业者，最初或许根本就没有什么创业的概念及伟大的理想与梦想，只是出于生存的渴望与责任，在现有市场中捕捉机会，从事低成本、低门槛、低风险和低利润的创业。

生存型创业大多属于复制型和模仿型创业，创业项目多集中在餐饮、美容美发和商业零售、房地产经纪等比较容易进入的生活服务业，一般规模较小，竞争比较激烈。对生存型创业者来说，要想做大做强，必须克服小富即安的惰性思想，善于抓住机遇。

2) 机会型创业

机会型创业是指创业者基于实现自我价值的强烈愿望，在发现或创造新的市场机会下进行的创业活动。机会型创业者具有明确的创业梦想，进行了创业机会的识别和把握，有备而来。例如，李彦宏创办百度公司就是典型的机会型创业。他舍弃在美国的高薪岗位，毅然回国创业，其主要原因是他发现和把握了互联网搜索引擎存在的巨大商机；同时，自己期望实现人生的更大发展。相比生存型创业，机会型创业不仅能解决创业者的就业问题，而且能解决更多人的就业问题，有可能创造更大的经济效益，从而改善经济结构。所以，无论是从缓解就业压力还是改善经济结构的目的出发，政府和社会应该更加关注机会型创业，大力倡导机会型创业。

2. 基于创业形式的分类

根据创业形式不同，可以将创业分成复制型创业、模仿型创业、安定型创业和冒险型创业。

1) 复制型创业

复制型创业是指在现有的经营模式的基础上，简单复制原有公司的经营模式进行的创业。例如，某人原本在餐厅里担任厨师，后来辞职自行创立了一家与原服务餐厅类似的新餐厅。在现实社会中，新企业中属于复制型企业的比例很高，且由于前期经验的累积，创业的成功率较高。

2) 模仿型创业

模仿型创业是指创业者看到他人创业成功后，采取模仿和学习而进行的创业活动。模仿型创业对于市场虽然无法带来新价值的创造，创新的成分也很少，但与复制型创业的不同之处在于，创业过程对于创业者而言还是具有很多冒险成分的。例如，某一制鞋公司的经理辞掉工作，开设了一家当下流行的网络咖啡店。这种形式的创业具有较高的不确定性,学习过程长,犯错机会多,代价也较高昂。这种创业者如果个性适合创业,经过系统的创业管理培训,掌握正确的市场进入时机,还是有很大机会可以获得成功的。

3) 安定型创业

安定型创业是指在大公司的扶持下,承接一些大公司的非核心内部项目,然后双方共享成果的创业形式。安定型创业虽然为市场创造了新的价值,但对创业者而言,无太大的改变,从事的也是比较熟悉的工作。这种创业类型强调的是创业精神的实现,也就是创新的活动,而不是新组织的创造,企业内创业就属于这一类型。例如,研发单位的某小组在开发完成一项新产品后,继续在该企业部门开发另一项新产品。

4) 冒险型创业

冒险型创业是一种难度很高的创业,有较高的失败率,但一旦创业成功,投资回报也高得惊人。这种类型的创业如果想要获得成功,必须在创业者能力、创业时机、创业精神发挥、创业策略研究拟定、商业模式创新、经营模式设计和创业过程管理等各方面,都有很好的搭配。

3. 基于创业起点的分类

依据创业起点不同,可将创业分为创建新企业和企业内创业。

1) 创建新企业

创建新企业是指创业者或团体从无到有地创建全新的企业组织。这个过程充满机遇,创业者和团队的想象力、创造力可以得到最大限度的发挥,但风险和难度较大,创业者会遇到缺乏资源、经验和相关方支持的困境。

2) 企业内创业

企业内创业是指在已有企业内进行创业建设的过程,也指现有的企业为了适应市场环境的变化,开发新的产品或服务,实现提高企业竞争力和盈利能力而开展的创业活动。通常情况下,企业内创业是由有创意的员工发起的,在企业的支持下进行企业内部新项目的创业,并与企业分享创业成果。在创业领域,企业内创业由于其独特的优势而受到越来越多创业者和企业的关注。

4. 基于创业项目性质的分类

按照创业项目性质不同,可分为传统技能型创业、高新技术型创业和知识服务型创业。

1) 传统技能型创业

传统技能型创业是指使用传统技术、工艺的创业项目,如酿酒、饮料、中药和工艺美术品等。这些独特的传统技能项目在市场上表现出经久不衰的竞争力。

2) 高新技术型创业

高新技术型创业是指知识密集度高,带有前沿性和研究开发性质的新技术、新产品创业项目。例如,将航天等高新技术领域的成果实现产业化,形成新产品,微波炉进入千家万户就是最好的例证。

3) 知识服务型创业

知识服务型创业是指为人们提供知识、信息等内容的创业项目。当今社会,会计师事务所、工程咨询公司等各类知识性咨询服务机构不断细化和增加，这类项目投资少、见效快，竞争也日渐激烈。

5. 基于创业方向和风险的分类

按照创业方向和风险不同，可分为依附型创业、尾随型创业、独创型创业和对抗型创业。

1）依附型创业

依附型创业可分为两种情况：一是依附于大企业或产业链而生存，在产业链中明确自己的角色，为大企业提供配套服务；二是特许经营权的使用。例如，利用名品效应和成熟的经营管理模式，通过连锁、加盟等方式进行创业。

2）尾随型创业

尾随型创业即模仿他人创业，行业内已经有同类企业或类似经营项目，新创企业尾随他人之后，学着别人做。

3）独创型创业

独创型企业是指提供的产品和服务能够填补市场空白。大到独创商品，小到商品的某种技术，如环保洗衣粉等。

4）对抗型创业

对抗型创业是指进入其他企业已经形成垄断地位的某个市场，与之对抗较量。

6. 基于创业者数量的分类

依创业者数量不同，可分为独立创业和合伙创业。

1）独立创业

独立创业是指创业者独自创办自己的企业，其特点在于产权归创业者个人所有，企业由创业者自由掌控，决策迅速，但创业者要独自承担风险，创业资源整合比较困难，并且受个人才能的限制。

2）合伙创业

合伙创业是指与他人共同创办企业，其优势和劣势正好与独立创业相反。

7. 基于创业主体的分类

根据创业活动主体的不同，创业还可划分为个体创业和公司创业。

1）个体创业

个体创业是指不依附于某一特定组织而开展的创业活动。

2）公司创业

公司创业是指在已有组织内部发起的创业活动，这种创业活动可以由组织自上而下发动，也可以由员工自下而上推动，但无论推动者是谁，公司内的员工都有机会通过主观努力参与其中，并在这种创业中获得报酬和得到锻炼。从创业本质来看，个体创业与公司创业有许多共同点，但是由于创业主体在资源、禀赋、组织形态和战略目标等方面各不相同，两者在创业的风险承担、成果收获、创业环境和创业成长等方面存在较大差异。两者的主要差异，如表1-1所示。

表 1-1 个体创业和公司创业的主要差异

个体创业	公司创业
创业者承担风险	公司承担风险,而不是与个体相关的风险
创业者拥有商业概念	公司拥有概念,特别是与商业概念有关的知识产权
创业者拥有全部或者大部分事业	创业者或许拥有公司的权益,但可能只是一小部分
从理论上说,创业者的潜在回报是无限的	在公司内,创业者所能获得的潜在回报是有限的
个体的一次失误可能意味着整个创业失败	公司拥有更多的容错空间,能够容纳失败
受外部环境波动的影响较大	受外部环境波动的影响较小
创业者具有相对独立性	公司内部的创业者更多受团队的牵制
在过程、试验和方向的改变上具有灵活性	公司内部的规划、程序和官僚体系会阻碍创业者的策略调整
决策迅速	决策周期长
低保障	高保障
缺乏安全网	有一系列安全网
在创业主意上,可以沟通的人较少	在创业主意上,可以沟通的人较多
至少在创业初期,存在有限的规模经济和范围经济	能够很快实现规模经济和范围经济
严重的资源局限性	在各种资源的占有上都有优势

(来源:Morrism.,Kuratko d. Corporate Entrepreneurship. Harcourt College publishers,2002.)

(四)创业的过程

一般而言,创建新企业是一个充满挑战,甚至非常痛苦的过程。在未知的不确定的情况下投入自己的积累,对创业者来说,其面临的压力可想而知。创业过程涉及许多活动和行为,但最重要的环节在于企业要适应最佳的市场机会。换言之,创业过程主要是企业为实现其任务和目标而发现、分析、选择和利用市场机会的管理过程。按照时间顺序,创业过程可以分为分析市场机会、选择目标市场、设计市场营销组合和管理创业活动四个阶段,如图 1-2 所示。

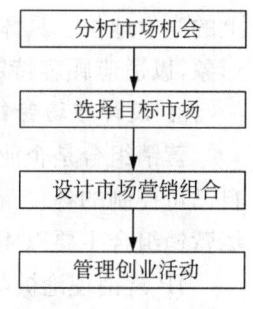

图 1-2 创业过程

1. 分析市场机会

分析市场机会是创业过程的核心,也是创业管理的关键环节。通俗地说,市场机会是指未满足的需要。哪里有未满足的需要,哪里就是市场机会。分析市场机会包括寻找发现市场机会和评估市场营销机会两个方面的活动。

(1)寻找发现市场机会是企业分析市场机会的必要前提。它主要有以下三种方式:①分析企业的营销环境,找出有利和不利的因素。企业要学会从宏观和微观的营销环境中及时识别市场机会,发觉其中的有利和不利因素。②广泛收集市场信息。建立完善的市场营销信息系统、开展经常性的调查研究工作是企业收集信息的重要途径。企业应通过市场调研来寻找发现未满足的需要。③制造营销机会。制造营销机会在于能对营销环境变化做出敏捷的反应,善于在许多寻常事物中迸发灵感,巧于利用技术优势开发出新产品。

(2) 评估市场营销机会是企业分析市场机会的重要基础。市场营销机会是指对企业的营销具有吸引力、能享有竞争优势和差别利益的环境机会。市场机会成为企业的营销机会要具备三个条件:①它是否与企业的任务和目标一致。②它是否符合企业的资源条件。③企业利用该机会是否能享有更大的差别利益。

2. 选择目标市场

选择目标市场是企业创业过程中面临的一个重要问题。任何企业都没有足够的人力资源和资金满足整个市场或追求过大的目标,只有扬长避短,找到有利于发挥企业现有的人、财、物的优势目标市场,才不至于在庞大的市场上瞎撞乱碰。

选择目标市场主要包括以下四个步骤:

第一步,市场需求预测。市场需求预测是指在市场调研的基础上,运用科学的理论和方法,对未来一定时期的市场需求量及影响需求等诸多因素进行分析研究,寻找市场需求发展变化的规律。市场需求预测一般采用定性预测和定量预测两种方法。

第二步,市场细分。市场细分是指企业通过市场调研,依据消费者的需要和欲望、购买行为和购买习惯等方面的差异,把某一产品的市场整体划分为若干消费者群的市场分类过程。每一个消费者群就是一个细分市场,每一个细分市场都是具有类似需求倾向的消费者构成的群体。

第三步,目标市场。在评估完各个细分市场后,企业应选择合适的细分市场作为目标市场。

第四步,市场定位。企业根据市场的竞争情况和自身条件,确定企业产品在目标市场上的竞争地位。具体地说,就是在目标顾客的心目中为产品创造一定的特色,赋予一定的形象,以适应顾客特定的需要和偏好。

3. 设计市场营销组合

营销组合是企业的综合营销方案,即企业根据目标市场的需要和自己的市场定位,对自己可控制的各种营销因素(产品、价格、渠道和促销等)和优化组合的综合运用。设计市场营销组合主要以 4P 营销理论为依据。

4P 营销理论被归结为四个基本策略的组合:①产品策略是指企业以向目标市场提供各种适合消费者需求的有形和无形产品的方式来吸引消费者的策略。②价格策略是指企业以按照市场规律制定价格和变动价格等方式来更好地影响企业的销售量从而获得最大利润的策略。③渠道策略是指企业以合理地选择分销渠道和组织商品实体流通的方式来实现其营销目标的策略。④促销策略是指企业以利用各种信息传播手段刺激消费者购买欲望,促进产品销售的方式来实现其利润增长的策略。

4. 管理创业活动

管理创业活动包括计划、组织、执行和控制营销工作等一系列过程。计划特指的是制订支持创业的计划。组织特指的是协调所有创业人员的工作、同其他部门密切配合和组织创业资源的使用。执行和控制特指的是执行营销计划、利用控制系统控制意想不到的事发生以实现创业的目标。

(五) 创业的阶段

从企业发展的过程来看,创业可分为四个基本阶段:

第一阶段,即生存阶段。创业者以产品、技术和服务来占领市场,重点是要有想法,会销售。

第二阶段,即公司化阶段。创业者以规范管理来增加企业效益,提高思维层次,从基本想法提升到思考企业战略的高度。

第三阶段,即集团化阶段。创业者以产业化的核心竞争力为硬实力,依靠一个个团队的合作,构建公司和整个集团的系统平台,通过系统平台来完成管理,把销售变成营销,把区域性渠道转变成地区性网络。

第四阶段,即总部阶段。创业者以一种无国界的经营方式构建集团总部,依靠一种可跨越行业边界的无边界核心竞争力,让企业发展达到最高层级。

二、创业精神概述

创业精神是创业的动力,也是创业的支柱。没有创业精神就不会有创业行动,也就谈不上创业成功,创业精神对创业至关重要。

(一) 创业精神的定义

创业精神这个概念出现于18世纪,多年来,其含义在不断变化。综合已有的创业精神的定义,可以界定为:创业者在创业过程中的重要行为特征的高度凝结,主要表现为敢于创新、勇担风险、团结协作和坚持不懈等。

创业精神的基本内涵可以从哲学层面、心理学层面和行为学层面三个方面加以理解。从哲学层面看,创业精神是人们对创业行为在思想观念上的理性认识。从心理学层面看,创业精神是人们在创业过程中体现的创业意志和创业个性的心理基础。从行为学层面看,创业精神是人们在创业时所表现出的创业品质和创业素质的行为模式。创业精神是创业者各种素质的综合体现,它集冒险精神、风险意识、效益观念和科学精神为一体,体现了创业者具有开创性的观念、思想和个性,以及积极进取、不惧失败和敢于承担等优秀品质。

创业精神不但是一种抽象的品质,而且是推动创业者创业实践的重要力量。这具体表现在以下三个方面:①创业精神能让创业者发现别人注意不到的趋势和变化,看到别人看不到的市场前景。②创业精神能让创业者在新事物、新环境、新技术、新需求和新动向面前具有较强的吸纳力和转化力。③创业精神能让创业者不断地寻找机遇,不断地追求创新,不断地推出新的产品和新的经营方式。

需要注意的是,创业精神与创业者的学历学位、创办企业的规模没有必然联系。

(二) 创业精神的来源

创业精神的形成与发展,受相应的文化环境、产业环境和生存环境等的影响。

1. 文化环境

创业本身是一种学习,创业者离不开现实文化环境,其生活区域的文化就是重要的学习内容之一。在一个商业文化氛围浓厚的地方,潜在的创业者更容易培养出创业精神。以温州为例,温州发达的商业文化传统,孕育了当今温州商人的创业精神。

2. 产业环境

不同的产业环境会对创业精神产生影响。对于垄断行业而言,企业缺少竞争,就容易抑制创业精神的产生;而在一个完全竞争的市场中,由于企业间优胜劣汰,竞争激烈,更有可能形成创业精神。

3. 生存环境

常言道:"穷则思变。"从生存环境来看,资源贫瘠、条件恶劣的区域往往能激发人的斗志。从创业视角来看,在资源贫瘠的地方,人们为了改善生存状况而寻求发展机会,整合外界资源,进而催生创业念头,激发创业精神。

(三) 创业精神的特征

经济学家熊彼特专门研究了创业者创新和追求进步的积极性所导致的动荡和变化,将创业精神看作一种具有创造性和破坏性的力量。因为,创业者创造的"新组合"使产业遭到淘汰,原有的经营方式被全新的、更好的方式破坏。而管理学家德鲁克则将这一理念更推进了一步,他将创业者称为主动寻求变化、对变化做出反应并将变化视为机会的人。

综观各个学派对创业精神的理解,通过对古今中外创业者的创业活动和人格特征的深入分析,创业精神的特征可以概括为以下五个方面。

1. 综合性

创业精神是由很多精神特质综合作用而产生的。比如,创新精神、拼搏精神、专一精神、进取精神和合作精神等,都是创业精神的重要特质。

2. 整体性

创业精神是由哲学层面的创业观念、心理学层面的创业意志和行为学层面的创业品质构成的整体,缺少其中任何一个层面,都无法构成创业精神。

3. 先进性

创业精神往往体现在创业者立志开创了前无古人的事业,所以创业精神必然具有超越历史的先进性,即想前人之未曾想、做前人之未曾做。

4. 时代性

不同时代的人,面对不同的物质生活条件和精神生活条件,创业精神的物质基础和精神基础会有所不同,创业精神的内容也各不相同。

5. 地域性

创业精神还明显地带有地域特色。例如,作为改革开放前沿的广东,其创业精神明显带有"敢为天下先""务实求真""开放兼容"和"独立自主"等特性。

(四) 创业精神的作用

创业精神能激起人们创业实践的欲望,是一种心理上的内在动力机制。创业精神在很大程度上决定着一个人是否敢于投身创业实践,它不仅支配着人们对创业实践活动的行为和态度,还影响着行为和态度的方向以及强度。

创业精神能够渗透到三个领域产生作用:①个人成就:个人具有创业精神,能成功地创建自己的企业。②大企业的成长:大公司如何使其整个组织都重新焕发创业精神,以具有更强的竞争力和更好地成长。③国家的经济发展,帮助人民变得富强。

创业精神的力量能够帮助个人、企业,乃至整个国家或地区在面对竞争时走向成功和繁荣。当前,世界产业结构正经历着彻底转变,新冠疫情给我国经济发展带来了许多不确定因素,毕业生面临就业难等问题。鼓励大学生创业可以从一定程度上解决大学生就业难的问题,从而使创业精神在我国发挥更大的作用。从"实业救国"到"实业兴邦"再到"实业强国",无不体现爱国精神。国家的强大需要靠经济发展,经济的发展需要靠实业的贡献。在世界经济大发展、大变化、大融合的今天,只有发展强大的实业,提供有竞争力的产品和服务,才能使国家在激烈的国际竞争中占据制高点,在全球产业链、价值链中实现由低端向中高端迈进,实现中华民族的伟大复兴。这就需要大学生勇于创业、敢于创业,在创业中实现对国家的热爱之情。

(五)大学生创业精神的培育

1. 培育创业人格

个性特征对个体创业来说是极其重要的,尤其是"独立性""敢为性"和"坚持性"等特征。所以,人格的教育与创业能力和创业精神的培养是相辅相成的。高校要根据大学生的心理特点,有针对性地教授心理健康方面的知识,引导大学生树立心理健康意识、强化心理素质、增强心理调节能力和对于社会的适应能力,自觉培养坚韧不拔的意志品质和艰苦奋斗的内在精神,提高承受挫折和解决问题的能力。此外,还可以通过创业案例,剖析创业者的人格特征,进行心理训练等,让学生了解形成良好心理素质与优秀人格特征的途径。

2. 培养创新能力

创新能力是创业精神的核心。高校必须突出对学生创新能力的培养,要尊重学生的个性发展,爱护和培养学生的好奇心,为学生潜能的充分开发营造宽松的氛围;鼓励学生勇于突破,有针对性地突破前人、突破书本、突破老师;通过开设创新创造类课程、举办主题知识技能竞赛,让学生感受、理解创新的产生和发展过程,培养学生的创新思维和科学精神。

3. 宣扬创业文化

校园文化是学生成才的外部环境。对于学生来说,校园文化具有陶冶、激励和导向功能。高校应将创业精神有机地融入学科活动和科技活动等活动中,以培养学生的创业精神。高校可经常邀请成功的企业家或成功的校友来学校做报告,增强大学生对于创业的信心,利用他们的激情感染学生,成为鼓励学生创业的榜样。

4. 强化创业实践

鼓励学生在课余时间参加一些创业模拟和社会实践活动,增强学生对企业的了解以及对社会的适应能力。比如,在校内外开展创业竞赛活动、与外部企业联合开展学生的实习和见习等。"纸上得来终觉浅,绝知此事要躬行。"应让学生在实践中磨炼自己,形成正确的创业认知,孕育创业精神和增强解决问题的能力。

失业不失志，刘尊众的修脚创业路

在古城西安，一位学经济管理的大学生，毕业后曾经在一家工厂担任文秘工作。但是，清闲的工作让他找不到自己的价值，加上这份工作收入不高，他感觉这份"混日子"的工作不是他想要的，于是辞职离开了工厂，从此踏上了自谋职业、独立生存的创业之路。他的名字叫刘尊众，他公司的名字是"瑞德脚病防治所"，这个店名体现了其最基本的经营理念。在创业前，刘尊众曾经在多个行业打过工，但直到在澡堂中看到一位修脚工为患者解除了痛苦并赢得了赞许之后，才深感修脚这个普通的行业其实是人们生活所离不开的。他通过拜师学艺，掌握了修脚的技能。

创业之初，刘尊众的创业资本只有280元。怀揣仅有的启动资金，他跑遍了西安的大街小巷，终于在幸福中路一个不起眼的角落相中了一间7平方米的门面房。但问题是，首付的资金需要1 600元，这对于他而言无疑是"天文数字"。

刘尊众回忆道："我当时就想，反正已经没有退路了，不如实话实说，说不定房东还能帮我一把呢。"他把自己的经历跟房东全盘托出，房东听后沉默了许久说："小伙子，我相信你，这房子200元租给你，3个月后，如果你赚到了钱，就把欠的钱补上，如果你没赚到钱，我不找你要了，就当做善事了。"交了房租后，剩下的80元，刘尊众拿去买了酒精和消毒药水，再从家中搬来破旧的沙发，简单收拾后，他的"瑞德脚病防治所"算是正式开张了。

但没想到的是，第1天，没有一个顾客；第2天，还是没有……第16天，依旧没有一个顾客。半个月，连个上门问津的人都没有。"我真的不知道怎么办，但有一点很清楚，就是不能放弃。"就在刘尊众快绝望的时候，第17天，终于有一双脚踏进了他的小店。一个开私家车的男子路过，瞥见了这家不起眼的小店，他用一种顺便问问的口气说："小伙子，脚上的鸡眼能治不？"刘尊众一个激灵："能、能、能，这个我能治，请相信我。"这个客人的鸡眼被彻底治愈了，客人硬要塞给刘尊众100元，他却只收了应收的60元。自此，刘尊众的生意日渐有了起色，接下来的2个月，毛收入达到4 000元，15个月后就挣下了4万多元。

2005年，在得到"中国青年创业国际计划"5万元的资助后，刘尊众开始加快了发展步伐。与其他修脚师傅不同，刘尊众是一名经济管理专业的大学毕业生，他把经济管理的知识运用到了创业中，如今的刘尊众拥有7家连锁店，创造了50多个岗位。2008年，刘尊成立了"陕西尊众劳动就业训练中心"，共培训了2 000多名来自全国各地的学生，并帮助这些学生走上自主创业之路。

目标就是动力，刘尊众利用业余时间到第四军医大学学习药理学、临床学等课程，开始研究如何创新，如何与众不同。经过无数次的实验和实践，他研制出了治疗灰指甲和由病毒引发的病跖疣的两种独特药膏,让患者可以在1个月(每周一次)的治疗后彻底康复。

现在,刘尊众在西安又开办了全国第一家脚病专科医院,还热心参与公益事业。目前,刘尊众的事业,在他自强不息的努力下,已经走上了一条日渐兴旺的发展之路。

(来源:杨华东.中国青年创业案例精选(第1辑)[M].北京:清华大学出版社,2011.)

【解析】创业精神就像黑暗中的灯塔,为创业者点亮希望、指明方向。刘尊众是依靠自身技能创业的典型,他有着一根筋式的创业激情,就是无论多么艰难和委屈,也绝不轻言放弃。刘尊众的这种勇于进取、拼搏创新、知难而上和自强不息的创业精神激励了无数大学生走向创业之路,为大学生自主创业树立了榜样。

三、创新与创业的关系

创业与创新是两个不同的概念,但是两者之间存在着本质上的高度契合、内涵上的相互包容、实践过程中的互动发展。第一次提出创新概念的美籍奥地利著名经济学家熊彼特认为,创新是生产要素和生产条件的一种从未有过的新组合。这种新组合能够使原来的成本曲线不断更新,由此会产生超额利润或潜在的超额利润。创新活动的这些本质内涵,体现着它与创业活动性质上的一致性和关联性。

(一)创新是创业的基础

从总体上说,科学技术、思想观念的创新,能够促进人们物质生产和生活方式的变革,引发新的生产、生活方式,进而为整个社会不断地提供新的消费需求,这是创业活动源源不断的根本动因。此外,创业在本质上是人们的一种创新性实践活动。无论是何种性质、类型的创业活动,它们都有一个共同的特征,即创业是主体的一种能动的、开创性的实践活动,是一种高度的自主行为,在创业实践的过程中,主体的主观能动性会得到充分的发挥,正是这种主观能动性充分体现了创业的创新性特征。

(二)创新是创业的本质与源泉

熊彼特曾提出:"创业包括创新和未曾尝试过的技术"。创业者只有在创业的过程中具有持续不断的创新思维和创新意识,才可能产生新的富有创意的想法和方案,才可能不断寻求新的模式、新的思路,最终获得创业的成功。

(三)创新的价值在于创业

从一定程度讲,创新的价值就在于将潜在的知识、技术和市场机会转变为现实生产力,实现社会财富的增长,造福于人类社会,而实现这种转化的根本途径就是创业。创业者可能不是创新者或发明家,但必须具有发现潜在商机的能力和敢于冒险的精神;创新者也并不一定是创业者或企业家,但创新的成果则是经由创业者推向市场,使其潜在的价值市场化,从而转化为现实生产力,这也从侧面体现了创新与创业的关联性。

（四）创业推动并深化创新

创业可以推动新发明、新产品或新服务的不断涌现，也可以创造出新的市场需求，从而进一步推动和深化各方面的创新，因而也就提高了企业甚至是整个国家的创新能力，推动了经济的增长。

我们通过以上对创业与创新关系的论述，知道两者内在相关、密不可分。正是因为创新与创业的密切关系，我国高等院校的创业与创新教育应该相互渗透融合，需要进一步弘扬创新与创业的精神、健全创新与创业的机制、完善创新与创业的环境，加强产、学、研结合，加强创新与创业的交叉渗透和集成融合，从而推动社会的可持续发展。

本章小结

本章包含两个小节，分别介绍了创新与创新思维、创业与创业精神。创新思维是创新能力的核心和基础，是实现创新内在机制的深层动力。创业是创新的过程，需要付出极大的努力，创业者要学会创造性地整合资源，需要树立正确的"三观"，调动创新创业积极性和自主性，形成坚持不懈、百折不挠的优良品质，为开展创新创业实践活动奠定基础。"大众创业、万众创新"是我国的国家战略。建设创新型国家，早日实现中华民族伟大复兴的目标，基础和关键在于人才，要勇于创新、敢于创业。

思考题

1. 什么是创新思维？创新思维有哪些特征？
2. 创新思维有哪些常用方式？举例说明。
3. 简述头脑风暴法的基本原则。
4. 创业有哪几个要素？它们之间的关系是什么？
5. 简述个体创业与公司创业的主要差异。
6. 简述创业所需经历的四个阶段。
7. 简述创新与创业的关系。
8. 法国巴黎的女士都喜欢戴漂亮的帽子，她们到电影院、剧院都不愿意摘下帽子，但这会影响后排观众观看电影或是戏剧。请你用创新的办法，在不伤及她们自尊的前提下使女士们能自愿摘下帽子。
9. 请指出下列物品的五种用途。
   (1) 雨伞；(2) 食盐水；(3) 牙膏。

第二章

创新创业的实施

 本章学习目的

本章主要介绍创业团队的组建、创业资源的整合、商业模式的设计和商业计划书的撰写等相关内容。学生通过本章的学习,能理解创业团队的定义及类型、创业资源的概念和作用、商业模式的内涵以及构成要素和商业计划书的含义;熟知创业团队的组建程序、创业资源的分类和商业计划书的内容;掌握如何维系与发展创业团队、创业资源的影响因素、商业模式的设计思路;认识到团队精神是大局意识、协作精神和服务精神的集中体现;遵循新时代发展理念的原理,强化"抓创新就是抓发展,谋创新就是谋未来"的思维意识。

 **本章关键词**

创业团队　组建　商业模式设计　创新　商业计划书

 本章思政点

创业团队组建的主要影响因素　团队组建基本原则　团队凝聚力商业模式创新　商业模式的设计

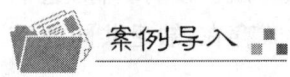 **案例导入**

没钱也可以开店

张大勇性格开朗,待人热情,头脑灵活,善于社交,有一定的管理能力。他凭借销售电脑的机会,结识了众多的电脑爱好者。由于当今的网络已成为年轻人生活的一部分,张大勇就瞄准了一个挣钱的机会——开一家网吧。但是,自己积蓄的钱不够。经过市场调研后,在一个交通便利又比较热闹的地段,张大勇和几个朋友一起开了一家规模较大的网吧。一年后,张大勇的网吧不仅收回了本钱,而且还开了一家分店。

张大勇的成功归功于对自己有清醒的认识，对市场需求有充分的了解，同时借助于和朋友合作，既解决了资金问题，又壮大了个人的实力，将自己的优势有效地与外部条件结合起来，成为一个成功的创业者。

对于每一个创业者而言，永远要面对的困难，就是资源的匮乏，但是，成功的创业者总是能够利用自己仅有的资源，巧妙地与其他资源整合，张大勇不仅有"勇"，还有"谋"——资源整合的意识。

（来源：https://www.docin.com/p-7731879.html）

问题：作为一名成功创业者应具备的条件是什么？

第一节　创业团队的组建

一、创业团队的概念

创业团队可以从狭义和广义两个层面来理解。狭义的创业团队，是指有共同目标、共享创业收益和共担创业风险的一群共同创建新企业的人。广义的创业团队不仅包括狭义的创业团队，还包括创业过程中的部分利益相关者（如风险投资人、律师、会计师及参与企业创建的专家顾问等）。本书强调狭义层面的概念。

良好的创业团队是创建新企业的基本前提。创新创业活动的复杂性，决定了所有的事务不可能由创业者一个人包揽，要通过组建分工明确的创业团队来完成。创业团队的优劣基本上决定了创业是否能成功，一个好的创业团队对于初创企业的成功起着举足轻重的作用。当然，并不是说没有团队的初创企业就一定会失败，但要创立一个没有团队而仍然具有高成长潜力的企业是极其困难的！

（一）创业团队的要素

创业团队一般需要具备目标、人、定位、权限和计划共五个关键要素。

1. 目标

创业团队应该有一个既定的共同目标，该目标将会为团队成员导航。没有目标，这个团队就没有存在的价值。目标在企业中以企业的愿景和战略的形式存在，缺乏共同的目标将使团队没有凝聚力和持续发展力。

2. 人

创业的共同目标是通过人来实现的，不同的人通过分工来共同完成创业团队的目标，人是构成创业团队最核心的力量，两个或两个以上的人可以构成团队。在初创企业中，人力资源是所有创业资源中最活跃、最重要的资源。所以，人员的选择是创业团队建设中非常重要的一个部分，创业者应该充分考虑团队成员的能力、性格和经验等方面的因素。

3. 定位

创业团队的定位包括团队的定位和成员（创业者）的定位。团队的定位是指创业团在企业中处于什么位置,其所扮演的角色是什么样的,团队内部的决策力和执行力如何。成员(创业者)的定位是指作为创业团队中的成员在团队中扮演什么角色,是制订计划者还是具体实施或评估者,它解决的是创业团队的角色分工问题。定位问题关系到每一个成员是否对自身的优、劣势有清醒的认识。创新创业活动的成功推进,不仅需要整个企业能够寻找到合适的商机,而且也需要整个创业团队中的成员能够各司其职、优势互补,并且形成一种良好的合力。

4. 权限

权限是指初创企业对职、责、权的划分与管理。一般来说,团队的权限与企业的大小、正规程度相关。在初创企业的团队中,核心领导者的权力很大,但随着团队的成熟,核心领导者的权力会减少,这是团队成熟的表现。

5. 计划

计划有两层含义:一是计划工作,即为保证目标的实现而制订的具体实施方案;二是计划形式,是指用文字和指标等形式所表述的组织以及组织内不同部门和不同成员,在未来一定时期内关于行动方向、内容和方式安排的管理事项。计划往往需要团队成员共同努力完成。

以上是创业团队要具备的五要素,但是创业之初,创业者往往会面临很多困难,团队的建设并不像想象中那样简单,这需要创业者有充分的心理准备。有时,创新创业过程会与团队组建一起完成,由于创新创业活动的特殊性,创业团队不必完全具备上述五个要素。随着企业发展的逐步成熟,创业团队也将被逐步完善。创业者应当时刻记得一句俗语"三个臭皮匠,顶个诸葛亮",这正说明了创业团队在创业过程中的重要性。

(二)创业团队的类型

根据创业团队的组成者的不同,创业团队可以分为星状创业团队、网状创业团队和虚拟星状创业团队。

1. 星状创业团队

星状创业团队是目前最为常见的创业团队,也成为核心主导创业团队。团队中,一般有一个核心人物,充当领导者的角色。这种团队在形成之前,一般是核心人物有了创业的想法,然后根据自身的创业理念和需要进行创业团队的组建。因此,在团队形成之前,核心人物已经就团队的组成进行过仔细思考了,并根据自己的想法选择相应的人员加入团队。这些加入创业团队的成员可能是核心领导人物熟悉的人,也有可能是不熟悉的人,他们在企业中更多时候是扮演支持者的角色,如图2-1所示。

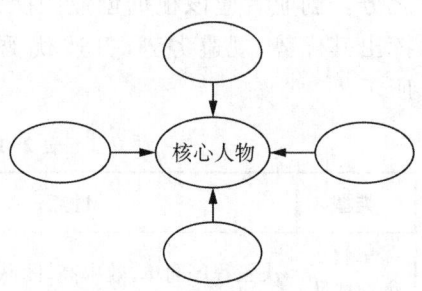

图2-1 星状创业团队

这种组织的典型案例是太阳微系统公司。该公司创立之初,由维诺德·科尔斯勒确立了多用途开放工作站的概念。接着,他找到了乔伊和本其托斯民,这两位分别是软件和硬件方面的专家；同时，还找了一位具有实际制造经验和人际交往技巧的麦克尼里。他们共同组成了太阳微系统公司的创业团队。

2. 网状创业团队

网状创业团队又称群体型创业团队。这种创业团队的成员在创业之前都有密切的关系，如同学、亲戚、同事、朋友等，一般都是在交往过程中，共同认可某一创业想法，并就创意达成共识以后，开始共同进行创业。创业团队在组成时，没有明确的核心人物，大家根据各自的特点自发地进行组织角色定位。因此，在企业创立之初，各位成员扮演的是协作者或者伙伴角色，如图2-2所示。

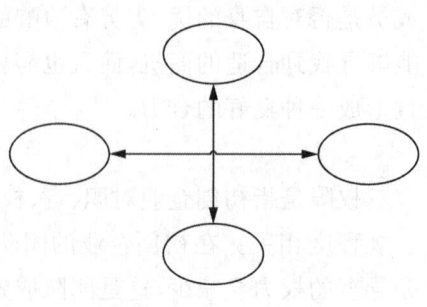

图 2-2　网状创业团队

网状创业团队的典型例子是微软的比尔·盖茨和童年玩伴保罗·艾伦，惠普的戴维·帕卡德和他在斯坦福大学的同学比尔·休利特等。这些在创业之前已有密切关系的人，基于一些互动激发出创业点子，然后合伙创业。

3. 虚拟星状创业团队

虚拟星状创业团队由网状创业团队演化而来，是星状创业团队和网状创业团队的中间形态。在团队中，有一个核心成员，但该核心成员地位的确立是团队成员协商的结果，因此，核心成员从某种意义上说是整个团队的代言人，虽然不如星状创业团队中的核心成员那样有权威，但在团队中还是有一定的威望，能充分考虑和听取其他团队成员的意见。该创业团队的决策既集中又民主，是一种比较理想的创业团队类型，如图2-3所示。

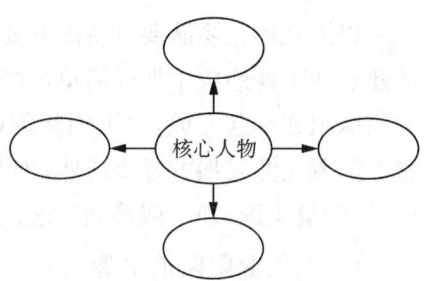

图 2-3　虚拟星状创业团队

创业过程是一个充满了不确定性的过程，不同的创业团队各有特点，不存在优劣之分。创业者应该根据创业团队的实际现状，选择适合创业目标需要的创业团队，发挥出其优势，规避劣势，打造优秀创业团队。三种类型创业团队的评价，如表2-1所示。

表 2-1　三种类型创业团队的评价

类型	优点	缺点
星状创业团队	决策程序简单，效率高，团队结构紧密	容易造成权力过于集中，决策风险加大；成员与核心人物发生冲突时，通常选择离开
网状创业团队	成员地位平等，有利于沟通交流；面对冲突，容易达成共识，成员不会轻易离开	团队结构较为松散，容易形成多头领导局面，决策效率相对较低；成员一旦离开，容易导致团队涣散
虚拟星状创业团队	不过于集权，又不过于分权；核心成员有威信，能够主持局面	核心成员主导力不足，对整个团队的控制力不足；决策效率较低

案例 2-1

联邦家私的创业团队

广东联邦家俬集团有限公司(以下简称"联邦集团")成立于1984年,30多年来从一个小作坊成长为了中国家具行业中的民营企业翘楚,并且当初创业时的6个股东仍然留在联邦集团。

这个团队是如何组建的呢?

1984年10月28日,联邦集团的前身广东南海盐步联邦家具厂成立。王润林、何友志、杜泽荣和陈国恩,这四个小时候一起玩的朋友聚在一起,商量着干一番事业。小小的家具厂让这几个朋友走得更近了,但他们之间的关系发生了一些变化,在朋友之外多了一层股东关系。

王润林之前学过设计,何友志做过藤椅师傅,杜泽荣在建筑公司干过打桩,陈国恩也没有做老板的经历。这样的四个普通人创立了联邦家具厂。然而,他们并不知道怎么办企业,需要新的成员加入进来。

之后,他们请杜泽桦加入团队。那时的杜泽桦是一家藤器厂的厂长,是当时广州荔湾区最年轻的厂长,曾参加过中国第一期厂长经理培训班,正是意气风发之时,他被推举为团队的核心成员。随后,同样在藤器厂工作过的郭泳昌也加入了这个团队。

(来源:https://www.docin.com/p-1616909965.html)

【解析】联邦集团六人团队朴素、简单、正派,杜泽桦虽不是创始人,但被推举为团队的核心成员,没有受到排斥,他们在性格上互补,为了生计走到了一起,儿时的友谊和成年后的相互信任,是这支团队合作的纽带。

二、创业团队的组建

创业团队的组建,没有统一的程式化规程。实际上,有多少支创业团队就有多少种团队建立方式,没有一支创业团队的建设是可以复制的。创业者走到一起来,多是机缘巧合,兴趣相同,技术背景相同,同事和朋友以及有相同想法的人都可以合伙创业。关于创业团队的成员,马云曾经说过"创业要找最合适的人,不要找最好的人"。一支豪华的创业团队,所创企业并不一定就是最好的企业。

(一)创业团队组建的基本原则

1. 目标明确合理原则

目标必需明确,这样才能使团队成员清楚地认识到共同的奋斗方向。与此同时,目标也必须是合理的、切实可行的,这样才能真正达到激励的目的。

2. 互补原则

创业者之所以寻求团队合作,其目的就在于弥补创业目标与自身能力之间的差距。

只有当团队成员相互间在知识、技能和经验等方面实现互补时,才有可能通过相互协作发挥"1+1＞2"的协同效应,充分发挥团队精神。团队精神是大局意识、协作精神和服务精神的集中体现,是组织文化的一部分。团队精神的形成并不要求团队成员牺牲自我,其基础是尊重个人的兴趣和成就,核心是协同合作,最高境界是全体成员的向心力和凝聚力能够反映个体利益和整体利益的统一,并促进组织的高效率运转。

3. 精简高效原则

为了减少创业期的运作成本,最大比例地分享成果,创业团队人员构成应在保证企业能高效运作的前提下尽量精简。

4. 动态开放原则

创新创业过程是一个充满不确定性的过程,团队成员可能因为能力、观念等多种原因不断离开或者加入。因此,在组建创业团队时,应注意保持团队的动态性和开放性,使真正完美匹配的人员能被吸纳到创业团队中来。

(二) 影响创业团队组建的主要因素

创业团队的组建受多种因素的影响,这些因素相互作用,共同影响着组建过程并进一步影响着团队建成后的运行效率。

1. 创业者

创业者的能力和思想意识从根本上决定了是否要组建创业团队、团队组建的时间表以及由哪些人组成团队。创业者只有在意识到组建团队可以弥补自身能力与创业目标之间存在的差距,才有可能考虑是否需要组建创业团队,以及对什么时候需要引进什么样的人员才能和自己形成互补作出准确判断。

2. 商机

不同类型的商机需要不同类型的创业团队与之匹配。创业者应根据创业者与商机间的匹配程度,决定是否要组建团队以及何时、如何组建团队。

3. 团队目标与价值观

共同的价值观、统一的目标是组建创业团队的前提,团队成员若不认可团队目标,就不可能全心全意为实现团队目标而与其他团队成员相互合作、共同奋斗。不同的价值观将直接导致团队成员在创业过程中脱离团队,进而削弱创业团队作用的发挥。没有一致的目标和共同的价值观,创业团队即使组建起来,也无法有效发挥协同作用。

4. 团队成员

团队成员能力的总和决定了创业团队整体能力和发展潜力。创业团队成员的才能互补是组建创业团队的必要条件,团队成员间的互信是形成团队的基础。互信的缺乏,将直接导致团队成员间出现协作障碍。

5. 外部环境

创业团队的生存和发展直接受到制度性环境、基础设施服务、经济环境、社会环境、市场环境和资源环境等多种外部要素的影响,这些外部环境要素从宏观上间接地影响着对创业团队组建类型的需求。

影响创业团队组建的因素是多元化的,团队成员容易被金钱和利益左右,团队观念淡薄。创业团队成员应具备较强的社会责任感和团队精神,要注重价值观、人生观、道德观的教育和社会责任感的培养,要关心国家、社会和集体的前途,关心环境、关爱他人。这也是创新创业的深层内涵和高层目标。

(三) 创业团队的组建程序及其主要工作

创业团队的组建是一个相当复杂的过程,不同类型的创新创业项目所需的团队不一样,创建步骤也不完全相同。创业团队的组建一般有以下六个步骤。

1. 明确创业目标

确定创业目标需要先明确创业阶段的目标,即创业阶段的技术、市场、组织和管理等各项工作,实现企业从无到有的突破。在总目标确定后,为了更好地推动目标的实现,需要对总目标进行细化,设定一系列可行的、阶段性的子目标。

2. 制定创业计划

实现已经确定的阶段性子目标需要制订周密的创业计划。创业计划是在对创业目标进行具体分解的基础上,以团队为整体来考虑的计划。创业计划确定了在不同的创业阶段所需要完成的阶段性任务,以及达成任务的途径与方法,创业团队按照创业计划执行约定的步骤来实现最终的创业目标。

3. 招募合适的人员

招募合适的人员是创业团队组建最关键的一步。创业者在准确地进行自我评估的基础上组建团队。寻找合作伙伴时,创业者要考虑成员与自己及其他成员之间在各个方面的搭配问题。关于创业团队成员的招募,主要应考虑两个方面:一是互补性。即考虑其能否与其他成员在能力或技术上形成互补。这种互补的形成,既有助于强化团队成员间彼此的合作,又能保证整个团队的战斗力,更好地发挥团队的作用。一般而言,创业团队至少需要管理、技术和营销三个方面的人才。只有这三个方面的人才形成良好的沟通协作关系后,创业团队才可能实现稳定高效。二是适度规模。适度的团队规模是保证团队高效运转的重要条件。团队成员太少,无法实现团队的功能和优势,而过多又可能会产生交流的障碍,团队很可能会分裂成小团体,进而大大削弱团队的凝聚力。一般认为,创业团队的规模控制在2~12人最佳。

4. 职权划分

创业团队的职权划分是根据执行创业计划的需要,具体确定每个团队成员所要担负的职责以及相应所享有的权限。团队成员间职权的划分必须明确,既要避免职权的重叠和交叉,又要避免因无人承担职权造成工作上的疏漏。此外,企业正处于创业过程中,面临的创业环境是动态复杂的,会不断出现新的问题,团队成员可能需要不断地更换,因此,创业团队成员的职权也应根据需要不断地进行调整。

5. 构建创业团队制度体系

创业团队制度体系体现了创业团队对成员的控制和激励能力,主要包括团队的各种约束制度和各种激励制度。创业团队通过各种约束制度(主要包括纪律条例、组织条例、财务条例和保密条例等)指导其成员避免做出不利于团队发展的行为,对其行为进行有效约束,保证团队的稳定秩序。

创业团队要实现高效运作,就要有有效的激励机制(主要包括利益分配方案、奖惩制度、考核标准和激励措施等),从而充分调动成员的积极性,最大程度地发挥团队成员的作用。要实现有效的激励,就要把成员的收益模式界定清楚,尤其是关于股权、奖惩等与团队成员利益密切相关的事宜。需要注意的是,创业团队的制度体系应以规范化的书面形式确定下来,以免造成不必要的混乱。

6. 团队的调整融合

完美组合的创业团队,并非创业一开始就能建立起来的,很多时候是在企业创立一定时间以后,随着企业的发展逐步形成的。随着团队的运作,团队组建时在人员匹配、制度设计和职权划分等方面的不合理之处会逐渐暴露出来,这时就需要对团队进行调整融合。问题的暴露需要一个过程,因此,团队调整融合也应是一个动态持续的过程,如表2-2所示。

表2-2 创业团队阶段特征与调整重点

阶段	特征与重点
形成期	初步形成创业团队的内部框架、建立创业团队对外工作机制
规范期	通过交流想法设定团队目标、成员职责和流程标准等规范性制度
震荡期	隐藏问题暴露,公开讨论、顺畅沟通、改善关系和解决矛盾
凝聚期	形成有力的团队文化、更广泛的授权与更清晰的权责划分
收获期	遇到挑战,提升团队效率解决问题,取得阶段性成功
调整期	对团队进行整顿,明确新阶段的计划和目标,优化团队规范

在完成了前面的工作步骤后,团队调整融合工作,将专门针对运行中出现的问题不断地对前面的步骤进行调整,直至满足实践需要为止。在进行团队调整融合的过程中,最为重要的是要保证团队成员间经常机动、有效的沟通与协调培养强化团队精神,提升团队士气。

案例 2-2

携程创业团队的合理搭配

携程计算机技术(上海)有限公司总裁季琦曾经这样评价团队的重要性:"携程网"的成功,除了抓住当初互联网快速发展的契机,有一个良好的创业团队是关键。

"携程网"的团队成员来自美国Oracle公司、德意志银行和上海旅行社等企业,是技术、管理、金融运作和旅游项目的完美组合。它的四位创始人具备不同的履历、教育背景和能力专长:季琦是一位充满激情而又善于发掘机会的"创业狂",梁建章是一位从技术部门转到市场部门的计算机天才,沈南鹏是一位不走寻常路的资本高手,范敏是一位来自旅游业、有着国企管理经验的管理专家。合理又互补的人力资源搭配,保证了"携程网"在创业初期能够按照正确的经营理念发展,并成功吸引到了1 800万美元的风险投资基金,进而做大、做强。

(来源:https://www.sootoo.com/content/71956.shtml)

【解析】朋友创业,最难处理的是感情、理性和利益之间的关系。"携程网"四人之间,一开始就建立了最高的原则:以共同的事业为大。对于个人利益和权利,他们有足够的格局和智慧,来做出对公司最有利的选择。无论是股权分配,还是权力配置都是如此。而利益和感情被损害者,也能大度地接受结果。

总体而言,一个优秀的创业团队必须包括以下几个人:一个创新意识非常强的人,这个人可以决定创业项目未来的发展方向,相当于战略决策者;一个策划能力极其强的人,这个人能够全面、周到地分析整个项目面临的机遇与风险,考虑成本、投资、收益的来源及预期收益,甚至还能负责企业管理、规范章程、长远规划设计等工作;一个执行能力较强的人,这个人具体负责下面的执行过程,包括联系客户、接触终端消费者和拓展市场等。此外,如果是一个技术类的创业团队,还应该有一个专家型的核心人物,负责技术研发,打造核心竞争力。同时,这个创业团队还需要有人掌握必要的财务、法律和审计等方面的专业知识。当然,在团队形成之初,并不需要以上各方面的成员全部具备,在必要时,可由一个或多个成员去学习团队所缺乏的某种技能,从而使团队充分发挥其潜能。

三、创业团队的维系与发展

如何创建、维护一个强大而富有成效的创业团队呢?具体有以下八个策略。

(一)以身作则

作为创始人和CEO,如果没有展现出令人信服的能力和品格,他就无法要求创业团队的其他成员相信并帮助自己实现创业愿景。

著名的贝塔斯魔盒(Betari Box,见图2-4)充分体现了一个人的态度和行为必然影响另一个人的重要观点。这是一个简单而有效的例证,说明创始人的身份不仅会影响创始人自己的行为方式,还会影响团队成员的态度和行为。拿破仑的军队对他的忠诚度很高,因为拿破仑积极加入了士兵队伍,与士兵一起战斗。换句话说,拿破仑以身作则带来了帝国的崛起——创业者也需要做一个以身作则的创始人。创业者必须明白,他的思

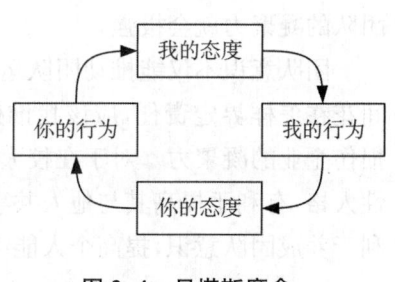

图2-4 贝塔斯魔盒

考、执行和沟通方式都会影响创业团队其他成员的信心、积极性和奉献精神。

(二)沟通顺畅、相互信任

保持沟通顺畅、营造相互信任的团队氛围,是非常重要的。沟通是有效管理团队的最重要的内容之一。杰克·韦尔奇说:"竞争、竞争、再竞争,沟通、沟通、再沟通。"顺畅的沟通是企业不断前进的命脉,没有沟通,团队就无法运转。

首先,沟通使信息保持畅通,实现信息共享,避免因为信息缺失而出现错误的决策和

行为。其次，沟通可以化解矛盾，增强团队成员彼此之间的信任。情感上的相互信任，是一个团队最坚实的合作基础。团队的好坏，取决于人与人的"兼容性"，相互信任就是兼容过程中的润滑剂。最后，沟通可以有效地解决认知性冲突，提高团队决策的质量，促进决策方案的执行。优秀的团队并不回避不同的意见，而是进行充分的沟通和交流，鼓励创造性的思维，提高团队决策质量。这也有助于推动团队成员对决策方案的理解和执行，提高组织绩效。

（三）合适的人做合适的事

人力资源管理上的"人岗匹配"，即让合适的人做合适的事，是科学的用人原则。人岗匹配，可以保证团队每一名成员发挥潜能，将个人的优势发挥得淋漓尽致；对团队来说，扬长避短无疑是提高效率的最佳配置方式。

创业者怎样选好人、用好人，最大限度地调动人的积极性，发挥人的创造性和主观能动性，使企业的骨干人员形成团结合作、奋发向上的优秀团队，是企业是否能够在市场经济的汪洋大海中乘风破浪、顺利前行的关键。在组建团队成员的过程中，除了考虑成员的专长、思维方式、经验、性格、能力和技术等特点，还可以考虑国家在创新、创业方面的税收优惠政策，充分利用这些优惠政策，以达到节税的目的。创业者在选择创业团队时，如果身边正好有退役士兵，可以吸纳，从而享受税收优惠政策（具体内容详见第四章中重点群体就业税收优惠的阐述）。

（四）注重团队凝聚力

团队的凝聚力是指团队的全体成员之间为实现共同目标而团结协作的程度。凝聚力表现在人们的个体动机行为对群体目标任务所具有的信赖性、依从性乃至服从性上。在创业过程中，团队所有成员都认同整个团队是一个密切联系而又缺一不可的集体。团队的利益高于团队每一位成员的利益，如果团队成员能够为团队的利益而舍弃自己的小利，团队的凝聚力就会极强。

团队意识不仅能推动团队运作和发展，还有利于提高组织整体效能。如果总是把时间花在怎样界定责任，应该找谁处理，使客户、员工团团转，就会减弱企业成员的亲和力，损伤企业的凝聚力。对于在校大学生而言，团队意识的培养，有利于塑造大学生良好的个性人格，有利于提高其与他人共事时的奉献、进取和团结合作的人际交往能力和作风，有利于养成团队意识，提高个人能力与心理素质。

（五）建立良好的激励与分享机制

激励是团队管理中极为重要的内容，直接关系到企业的生死存亡。对创业团队进行有效的激励，一般运用薪酬制度和股权激励等手段来实现。薪酬制度是实现有效激励最主要的手段，毕竟收益是创业成功的重要表征。在设计薪酬制度时，应考虑运用差异原则、绩效原则和灵活原则。其最终目的是通过合理的报酬让团队成员产生一种公平感，激发创业团队成员的积极性，实现对创业团队的有效激励。在初创企业中，股权激励一般的做法是将公司的股份预留出10%~20%，作为吸引新的团队成员的股份。股权激励对于企业吸引人才、激励团队成员而言至关重要。

(六) 建立合理的决策机制

要成为一个具有凝聚力的团队,团队核心人物(决策者)必须学会在没有完善的信息背景下、团队成员难以形成统一的意见时做出决策,并且承担决策产生的后果。核心人物对于自己认为正确的事情,不可优柔寡断,必须付诸行动。而正因为完善的信息和绝对的一致非常罕见,决策能力就成为一个团队能否成功最为关键的因素之一。但如果一个团队没有鼓励性、建设性的意见和毫无戒备的冲突,决策者也不可能做出科学的决策。这是因为,只有当团队成员彼此之间热烈地、不设防地争论,坦率地说出自己的想法时,团队核心人物才可能有信心做出充分集中集体智慧的决策。决策的主要内容是企业发展的长期目标与一定阶段的计划,还有一些与企业发展相关的重大事项。

(七) 全力以赴地去执行

有了决策,还需要严格地执行,执行力也是一种显著的生产力。《把信送给加西亚》中的上尉罗文在接过美国总统的信时,不知道加西亚在哪里,只知道自己唯一要做的事是进入一个危机四伏的国家并找到这个人。他二话没说,就接过信,转过身,立即行动。他奋不顾身,排除一切干扰,想尽一切办法,用最快的速度完成了目标。

(八) 制定严格的规章制度

无规矩不成方圆,初创团队如果没有严格的规章制度(如绩效考核制度、财务管理制度和行政管理制度等)作为运转保障,就会成为一盘散沙。因此,最初创业时就要把该立的规矩立好,把最基本的责、权、利说得明白、透彻,不要碍于情面含含糊糊。规章制度所具有的明确性的特点,有助于规范团队内部各成员的行为,使每个成员都能恪尽职守,各司其职,避免初创企业中经常出现的团队成员的职、责、权混淆情况,避免出现因职、责、权、利等的分歧而导致创业团队解散。

第二节 创业资源的整合

一、创业资源的概念与作用

(一) 创业资源的概念

资源是企业在向社会提供产品或服务的过程中,所拥有的或者所能够支配的用以实现企业目标的各种要素以及要素的组合。依照目前战略管理中资源基础理论的观点,企业是一组异质性资源的组合,是创业的前提条件之一。

创业资源是企业在创立以及成长过程中所需要的各种生产要素和支撑条件。在创业过程中,应当积极拓展创业资源的获取渠道。创业资源之于创业活动的重要意义不仅仅局限在单纯的量的积累上,创业者应当看到创业过程实质上是重新整合各类创业资源、获取竞争优势的过程。从这一角度看,创业活动本身是一种资源的重新整合,因此,创业者在创业过程中,不仅要广泛地获取创业资源,更要懂得如何使用这些资源。

（二）创业资源的作用

创业过程分为两个阶段，即企业创立之前的机会识别和企业创立之后的成长过程。

1. 机会识别过程

机会识别与创业资源密不可分。从直观的含义上看，机会识别是要分析、考察和评价可能的潜在创业机会。创业机会的存在，本质上是部分创业者能够发现其他人未能发现的特定资源的价值的现象。

2. 企业成长过程

在企业的成长过程中，创业资源仍然发挥着重要作用。一方面，创业者仍需要积极地从外界获取创业资源；另一方面，已经获取的创业资源在企业发展过程中逐渐被整合和利用。资源整合对于创业过程的促进作用是通过创业战略的制定和实施来实现的。丰富的创业资源是企业战略制定和实施的基础和保障，同时，充分的创业资源还可以适当校正企业的战略方向，帮助初创企业选择正确的创业战略。因此，企业获取的创业资源越多，对创业战略的实施也越有利。

只有将初创企业所拥有的创业资源进行有效整合，才能形成企业的核心竞争优势。资源整合是把企业所拥有的自然资源、信息资源和知识资源在时间和空间上加以合理配置和重新组合，以实现资源效用的最大化。必须注意的是，这种资源效用的最大化，并非简单的各种资源各安其位、各司其职，而是初创企业独特的核心竞争力，能实现企业在市场上的竞争优势。

二、创业资源的分类

创业资源是初创企业在创立及成长过程中必需的资源，可以从不同角度来分类。创业资源分类标准一般有以下三个。

（一）按其来源分类

创业资源按其来源，可以分为自有资源和外部资源。

1. 自有资源

自有资源是指创业者或创业团队自身所拥有的可用于创业的资源，如自有资金、自有技术、自己获得的创业机会信息、自建的营销网络、控制的物质资源或管理才能等。企业可以通过内部培育和开发获取自有资源，如企业通过一定的方式在内部开发无形资产、培训员工以及促进内部学习，获取有益的资源。

2. 外部资源

外部资源是指创业者从外部获取的各种资源，包括从朋友、亲戚、商业伙伴或其他投资者处筹集的投资资金、经营空间、设备或其他原材料等，或通过提供未来服务、机会等换取的资源。外部资源是实现企业成长的重要保障。企业由于受自有资源"瓶颈"的影响，需要吸取适合本企业发展的新鲜资源，其中的关键是具有资源的使用权并能控制或影响资源的部署。自有资源的拥有状况（特别是技术和人力资源）会影响企业对外部资源的获得和运用。

（二）按其存在形态分类

创业资源按其存在形态，可以分为有形资源和无形资源。

1. 有形资源

有形资源是指具有物质形态的、价值可用货币度量的资源，如组织赖以存在的自然资源以及建筑物、机器设备、原材料、产品和资金等。

2. 无形资源

无形资源是指具有非物质形态的、价值难以用货币精确度量的资源，如信息资源、人力资源、政策资源以及企业的信誉、形象等。

（三）按其对企业的成长作用分类

创业资源按其对企业的成长作用，可以分为要素资源和环境资源。

1. 要素资源

要素资源是指直接参与企业日常生产、经营活动的资源。要素资源主要有场地资源、资金资源、人才资源、管理资源和科技资源五类。

场地资源包括场地内部的基础设施建设、便捷的计算机通信系统、良好的物业管理和商务中心，以及周边方便的交通和生活配套设施等。

资金资源包括及时的银行贷款和风险投资、各种政策性的低息或无偿扶持基金，以及写字楼或者孵化器所提供的便宜的租金等。

人才资源包括高级科技人才和管理人才的引进，高水平专家顾问队伍的建设等。创业者是初创企业中最重要的人力资源，因为创业者能寻找到市场机会。创业者的价值观和信念更是初创企业的基石。合适的员工也是人才资源的重要组成部分，因此，对高素质人才——技术人员、销售人才和生产工人等的获取和开发，便成为企业可持续发展的关键因素。

管理资源包括企业诊断、市场营销策划、制度化和正规化企业管理的咨询等。

科技资源包括对口的研究所和高校科研力量的帮助、与企业产品相关的科技成果以及进行产品开发时所需的专业化的科技试验平台等。

2. 环境资源

环境资源是指未直接参与企业生产、经营活动，但其存在可以极大地提高企业运营的有效性的资源。环境资源主要有政策资源、信息资源、文化资源和品牌资源。

政策资源包括允许个人从事科技创业活动，允许技术入股，支持海外与国内的高科技合作，为留学生回国创业解决户口、子女入学等后顾之忧，简化政府的办事程序等。政府的各种创业扶持政策主要包括财政扶持政策、融资政策、税收政策、科技政策、产业政策、中介服务政策、创业扶持政策、对外经济技术合作与交流政策、政府采购政策和人才政策等。

信息资源包括及时的展览会宣传和推介信息、丰富的中介合作信息，以及良好的采购销售渠道信息等。

文化资源包括高科技企业之间相互学习和交流的文化氛围、相互合作和支持的文化氛围，以及相互追赶和超越的文化氛围等。

品牌资源包括借助大学或优秀企业的品牌、借助科技园或孵化器的品牌，以及借助社会上有影响力的人士对企业的认可等。

三、获取创业资源的途径和技能

（一）获取创业资源的途径

创业资源主要来自两个方面，一是自有资源，二是外部资源。获取创业资源的途径包括市场途径和非市场途径。市场途径是通过支付全额费用在市场上购买创业资源；非市场途径则是通过社会关系，用最小的代价甚至是无偿获取创业资源。显然，创业者自有资源往往是通过非市场途径获取的。起步阶段的创业者往往囊中羞涩，很难通过支付全额费用购买的方式获取创业所需各种外部资源。创业者通过社会关系，用最小的代价甚至无偿获取创业资源是首选。

（二）获取创业资源的技能

蒂蒙斯认为，成功的创业活动必须对创业机会、创业团队和创业资源三者进行最适当的匹配，并且还要随着事业的发展而不断进行动态平衡。创业过程由创业机会启动，创业团队在建立以后就应该设法获得所必需的资源，这样才能顺利实施创业计划。为了合理获取、利用资源，创业者往往需要制定用资谨慎的创业战略，而创业团队则是实现创业这个目标的关键组织要素，创业者或创业团队必须具有高超的沟通能力和领导力，才能够适应市场环境的变化。

1. 沟通能力

为了获取创业资源，创业者及其团队应该有较好的人际沟通能力、沟通技巧以及顺畅的沟通机制。

人际沟通能力是指通过情感、态度、思想和观点的交流，建立良好协作关系的能力。有效性和适当性是评价沟通能力的重要指标。有效性即沟通行为实现个人目标和关系目标的程度；适当性即沟通行为与情境和关系限制保持一致的程度。

沟通技巧是指参与沟通的人具有收集和发送信息的能力，能通过书面、口头与肢体等语言作为媒介有效与明确地向他人表达自己的想法、感受与态度，同时能较快并正确地解读他人的信息，及时了解他人的想法、感受与态度。虽然拥有沟通技巧并不意味着一定会成功获取创业资源，但缺乏沟通技巧一定会使创业者遇到许多麻烦和障碍。

在获取资源的过程中，与各方沟通是必不可少的，因此，创业者及其团队必须与各方建立顺畅的沟通机制，派出有一定人际沟通能力的团队成员负责与各方沟通，这是获取创业资源的关键。创业者及其团队执行力差、领导能力不强的问题，归根结底都与沟通能力的欠缺有关。

创业者获取资源、整合资源的过程就是与新创企业内外部的资源供给者充分沟通的过程。在企业外部，创业者需要与外部的投资者、同行从业者、消费者和供应商等通过沟通建立联系，获得信任，消除利益分歧，争取对方的扶持与帮助，取得共赢的结果；在企业内部，创业者需要通过畅通沟通，鼓舞士气，吸引人才，留住人才，进而提高企业运营绩效。

案例 2-3

打动投资者的 7 个关键点

即使你是一位经验丰富的企业家或 CEO,第一次获得投资也并不容易。如果你不具备讲故事的天赋,那么,你需要付出更多的努力,因为你只有一次给他人留下好印象的机会。

大多数的创始人都梦想着改变世界,并且,他们比任何人都了解自己的实力。那么,为什么尽管他们充满着野心和抱负,却难以实现心中的愿景呢?

每年都有数以百计的初创企业试图接近投资者,但真正能够出现在合作伙伴和投资人面前的可能只有那么十几个。他们想要获得投资,就要拿出能够令人信服的东西,明确、清晰地展示在投资者的面前。

如果你不能在前 3 分钟内让投资人明白你所要表达的主旨,那么你获得投资的可能性就很低了。

以下是打动投资者的七个关键点,相信能够帮助你增加获得风投的成功率。

(1) 以高质量的公司业务作为开场白。一个好的开场白显然是阐明你的信息的关键。

(2) 内容尽量精简。用简洁的语句明确地表达你的观点才是明智之举。

(3) 带上你的团队,让他们参与演讲。介绍你的团队,好过让他们尴尬地坐在旁边。对于投资人来说,他们喜欢看到的是一个团结协作的团队。

(4) 准备好回答问题。如果投资人问了你一个问题,你最好及时做一个简短的回答,而不是以后用多页的幻灯片作为回复。有时候,回答问题的方式比你的口头直接表达更重要。

(5) 以一个强有力的总结作为结束语。确保你的总结能够准确地向投资人传递你的关键信息,增强他们投资你的决心。

(6) 如果你被否决了,不要气馁。一旦会议结束,无论结果如何,都要保持乐观。因为,每一个投资人的口味都是不同的,他们的目标、兴趣也不尽相同。有时候,投资人对你的否定可能会在下一次见面中变成肯定。所以,和你的潜在投资者保持联系,将会提高你成功的概率。

(7) 如果投资人的反馈你不理解,可以要求他们讲解清楚。你可以从投资人的反馈中学到很多东西,毕竟他们评估过无数的企业,所以,通常他们有很好的评估技巧来判断创业公司的潜力。这将在未来的风投会议中提高你成功的概率。

(来源:https://www.chinaz.com/start/2015/0413/398229.shtml)

【解析】 来自各行各业的投资人既有个性又有共性。创业者不仅要针对每一位投资人来调整应对方法,还要深入了解他们的共性并找到应对之策。对创业者来说,让投资人读懂自己最重要,其次是让他们了解创业项目的愿景、业务模式、企业定位、增长空间及利润,最后还需要一支优良的团队作为后盾,这些关键点一定能为初创企业接下来的融资铺平道路。

2. 战略领导力

创业者的战略领导力是创业者在企业战略管理各个阶段中体现出的一种独特思考型的实践能力,包括战略思维能力、战略决策能力、战略规划能力和战略控制能力。

企业的创立与创业者个人追求的目标、价值观和创业能力是密不可分的,这也是新创企业最初的战略愿景。对创业者而言,他们需要具有出色的语言表达能力,把自己创新的想法不断传输给企业的各个部门,将企业的战略意图适当地向企业外界表达出去,以此获取企业所需要的资源。因此,在新创企业获取资源、整合资源的过程中,创业者如果具备战略领导力,则最容易打动资源所有者。

四、创业资源的利用与整合

创业者能否成功地发现机会,进而推动创业活动向前发展,通常取决于他们掌握和能够整合到的资源,以及对资源的利用能力。优秀的创业者在创业过程中所体现出的卓越的创业技能之一,就是创造性地整合和利用资源,尤其是那种能够创造持续竞争优势的战略资源,并由此成功地发掘创业机会,推进企业向前发展。

成功的创业者创造性地整合和利用资源的途径一般有三个,即有效利用自有资源、创造性地拼凑资源和发挥资源的杠杆效应。在一些成功创业的案例中可以发现,有的创业资源在企业初创期可能是拼凑型的,而在企业成长期,创业者则可能发挥了资源的杠杆效应。

(一)步步为营——有效利用自有资源

步步为营法一般是指在缺乏资源的情况下,创业者分多个阶段投入资源,并且在每个阶段或决策点投入最少的资源的方法。大部分创业者因为受到有限资源的约束,被迫通过寻找创造性的方式开发商机去建立企业,并推动企业的发展。步步为营法不仅是一种做事最经济的方法,而且还是在有限资源的约束下获取满意收益的方法。该方法不仅适用于小企业,还适用于高成长企业、高潜力企业。

步步为营法的主要策略是实现成本最小化,即设法降低资源使用量,降低管理成本。但过分强调降低成本,会影响产品和服务质量,甚至会制约企业的发展。有的创业者不注重环境保护,或者盗用别人的知识产权甚至以次充好。这样的创业活动尽管在短期内可能赚取利润,但就长期而言,会影响企业发展,所以,创业者需要有原则地运用成本最小化的步步为营法。

步步为营法的策略还表现为自力更生,最大限度地减少对外部资源的依赖,最大限度地发挥创业者在企业内部资金的作用,降低经营风险,加强创业者对所创企业的控制。习惯于步步为营法的创业者会形成一种审慎控制和管理的价值理念,这对企业的成长与向稳健成熟发展期过渡尤其重要。

(二)创造性地拼凑资源

在创业情境下,资源约束是创业者面临的首要限制性问题,大多数创业者都缺乏资源来开发创业机会。那么,创业者如何利用手头现有的、零散的、在他人看来没有什么价值的资源,富有创造力地构想资源的新用途,并且用它们来开发机会支持企业的成长呢?

资源拼凑理论在发展过程中形成了三个核心概念,即"凑合利用""突破资源约束"和"即兴创作"。这三个概念都与资源紧密相关,从不同角度反映了创业过程的资源拼凑特点。具体而言,"凑合利用"是指利用现有资源来实现新的目的和开发新的机会,重在对资源的创新性利用;"突破资源约束"是指创业者拒不向资源、环境或者制度约束屈服,积极主动地突破传统的资源利用方式的束缚,利用现有资源来实现创业目标,因而,凸显了创业者在资源拼凑过程中表现出来的创新意识以及创造创业价值所必需的可持续创业能力;而"即兴创作"与前面两个概念紧密相关,是指创业者在凑合利用已有的现成资源、突破资源约束的过程中必须即兴发挥,创造性地使决策和行动同时进行。

综上所述,创造性地拼凑不是凑合,而是在资源约束条件下,创业者为了解决新问题,开发新机会,整合现有资源,创造出独特的服务和价值。实现创造性拼凑需要已有可用的现成资源、整合资源实现新目的和凑合使用三个关键要素。

1. 有可用的现成资源

善于进行创造性拼凑的人常常拥有一批"零碎",它们可以是物质,也可以是一门技术,甚至可以是一种理念。这些资源常常是免费的或者是廉价处理品。在他人眼里,它们可能一文不值,甚至可能是鸡肋。

已有的现成资源经常是通过日积月累慢慢积攒下来的,拥有它们时,创业者也许并不十分清楚它们的用途,只是基于一种习惯,或是抱有"也许以后用得着"的想法。而那些根据当前项目的需要,经过仔细调研而获得的资源,不属于已有的现成资源的范畴。综观成功的企业家,会发现他们很多都是拼凑高手,能将身边的"破铜烂铁"改造为早期的设备。

2. 整合资源实现新目的

拼凑的一个重要特点就是为了其他目的重新整合身边已有资源。市场环境日新月异,对企业是挑战也是机遇。环境的变化使得新问题层出不穷,同时机会也接踵而至,但机会会转瞬即逝,任何企业的资源结构不可能适合于所有情况,也没有企业总是能够在第一时间找到合适的新资源。于是,整合已有的现成资源,快速应对新情况,成为企业"保卫阵地,抢占制高点"的利器。这些资源可能是被藏在仓库中的废旧物资,也可能是旁人弃之如敝屣的二手货。拼凑者可用一双善于发现的眼睛来洞悉身边资源的各种属性,将它们创造性地整合起来,开发新机会,解决新问题。同时,这种整合不是事先仔细计划好的,而是具体情况具体分析、"摸着石头过河"的产物。

做中国最大的"花瓣生意"

1988年,陈妍出生在安徽省合肥市。大专刚毕业时,她在家乡接手了一间花店。因为花店行业竞争激烈,她一直惨淡经营着。

2009年的一天,她去参加朋友的婚礼,新娘出场时从空中撒下了五颜六色的塑料花瓣。"为什么不用鲜花花瓣,那样岂不是更显得浪漫?"陈妍很纳闷。婚礼结束后,她追问新娘,对方说:"塑料制品的造价比鲜花低廉,鲜花那么贵,整场婚礼撒下来得多少钱?"

有没有买到便宜花瓣的渠道呢?陈妍琢磨着。

第二天,一家刚开业的饭店把为庆典而租借的8个大花篮拉回了陈妍的小店。她想:自己的花店经常对外出租花篮,每次收回后,她和所有的同行一样,都把这些鲜花扔进了垃圾箱。如果能把残花的花瓣收集起来,转手卖给婚庆公司,在婚礼上下起真正的"花瓣雨",岂不是变废为宝?

陈妍说干就干。她将所有使用过的鲜花收集起来,把那些完整、色泽鲜艳的花瓣一片一片撕下,再按不同颜色分门别类地装进塑料袋:粉红色的月季、紫色的风信子、火红的玫瑰……看着一袋袋散发着清香的花瓣,陈妍仿佛看到了美好的未来。

(一)婚礼"花瓣雨"飘来芬芳财富

陈妍带着花瓣,到婚庆公司推销。每千克不超过200元的价格果然吸引了婚庆公司的眼光,最终婚庆公司以每千克180元的价格长期向她收购。一场婚礼有1千克花瓣就够了,新人也不会吝啬这点钱。

仅靠自己的花店,花瓣产量远远不够,陈妍以每年2 000元的费用,与10多家花店签订了收购残花的协议。

囤积的花瓣一多,问题就出现了,新鲜花瓣最多只能保存两三天,而婚礼有时半个月才碰到一次,很多花瓣都白白地浪费了。为了给花瓣保鲜,陈妍频繁地给它们洒水。婚庆公司很快收到客户的反馈意见:"鲜花瓣的水分重,向上一撒,马上就落到地面了,很难在空中营造出五彩缤纷的意境。"

如果把鲜花加工成干花瓣,既可以长期保存,又能减轻花瓣的重量,问题就解决了。陈妍查阅了很多资料,最终借助制作葡萄干的室内自然风干法,成功地让鲜花花瓣变成了干花瓣。由于1.5千克鲜花瓣风干后只能得到0.5千克干花瓣,她把价格提高到了每千克580元。

这些散发着淡淡清香的干花瓣,很快就赢得了新人们的喜爱。有一位女白领说:"婚礼现场,当五彩花瓣在空中划着优美的弧线飘落时,我感觉自己就是童话中的公主……"

由于"花瓣生意"越来越好,2010年年初,陈妍索性不再做鲜花生意,把店名也改成了"花瓣专卖店"。

(二)做中国最大的"花瓣生意"

因为好多年轻人喜欢用干花瓣来装饰房间,陈妍又有了新灵感:何不将干花瓣做成小工艺品,拿到精品店和超市去销售呢?

经过市场调查,她发现干花瓣作为工艺品出售,在安徽乃至全国的市场上还属空白。很快,她就订购了大小不一的漂亮工艺瓶,然后以"星座幸运花"为销售主题,分门别类进行组合,如金牛座的幸运花是玫瑰、紫罗兰和水仙,她就将这三种干花瓣装到一个小瓶里;处女座的幸运花是波斯菊和风信子,她就把这两种花瓣置入瓶内,销售给相应星座的人。

一只只小瓶变成了能带来幸运和祝福的"吉祥物",自然备受青睐,一时间购买"星座花瓣瓶"竟成了一种时尚。产品打入超市和精品店后,销售势头也极为火爆。2010年6月,陈妍干脆成立了一个小型加工厂,让工人们大批量制作"花瓣瓶"。

考虑到白领一族工作压力大,陈妍配制的"白领花瓣瓶"里装着薰衣草和百合花瓣,常闻这种花香,有放松身心、抚慰心灵、镇静安神的作用。这种既浪漫又贴心的设计,十分讨喜。接着,她又借势推出了"情侣花瓣瓶""血型花瓣瓶"等。

有个外地顾客在合肥买了一件干花工艺品,喜爱得不行,身边好多朋友也都喜欢,于是她便打电话给陈妍,问能不能给她快递几个"花瓣瓶"。看到省外的市场这么广阔,陈妍就在网上开展了"婚礼鲜花瓣"和"时尚花瓣瓶"的批发业务。

2011年8月,陈妍注册成立了"花之恋商贸有限公司",一边加工和销售经典产品,一边研发新产品。3个多月后,陈妍公司生产的袋装花瓣浴、花瓣茶和花瓣面膜等产品成功打入市场。如今,这些打着"泡出健康""喝出体香""敷出美颜"宣传口号的新产品,已成为白领女性的最爱。

到2013年2月,25岁的陈妍已经拥有了上百万元财富。谈到创业的成功,她说:"你有多少智慧,这些不起眼的小花瓣就有多少种卖法;你付出多少努力,这些花瓣中就蕴藏着多少财富。"

[来源:李蕊娟.做中国最大的"花瓣生意"[J].财会月刊,2013(31):53.]

【解析】 现代社会中创业更需要新意,一些有新意的创业往往都可以取得成功。从这位花瓣创业者不平凡的创业经历可以看出,她的成功在于勇于创新,敢于挑战新的创业项目,创业需要不断创新。

3. 凑合使用

出于成本和时间的考虑,创造性拼凑的载体常常是身边的一些废旧资源。这种"先天不足"从一开始就注定了拼凑出的东西品质可能不好。凑合意味着拼凑者需要突破固有观念,忽视正常情况下人们对资源和产品的常规理解,有意识且持续地试探一些惯例的底线,坚持尝试突破,并承担随之而来的后果。完美主义者或怯于承担风险的人常常难以忍受,因为拼凑的东西可能会事故频发,需要一次次地尝试,一次次地矫正,然后才能满足企业的基本需求。但在资源束缚的条件下,创业者凑合利用现有资源可能会在一个个不完美中逐渐蜕变出辉煌。

(三) 发挥资源的杠杆效应

资源的杠杆效应是以最少的付出获取最多收获的现象,通常有以下五种表现形式:①利用一种资源换取其他资源。②创造性地利用他人认为无用的资源。③能够比他人拥有更长的时间占用资源。④借用他人或其他公司的资源来达成创业者自身的目的。⑤用一种富裕资源弥补一种稀缺资源,产生更高的附加值。杠杆效应对推动创业活动发展具有重要意义,因此,创业者要在创业的过程中应训练自己发挥资源杠杆效应的能力。

对于创业者来说,由于初期资金缺乏、时间紧迫,最容易产生杠杆效应的资源就是创业者自身的素质和能力以及社会资源等。就创业者的素质与能力看,如果创业者具有能够识别一种没有被完全利用的资源能力,看到某种资源怎样被运用特殊方面的能力及说服资源拥有者让渡使用权的能力,都能使资源发挥出杠杆效应。

就社会资源杠杆效应来说,社会资源存在于社会结构之中,为社会网络之间的行为者进行交易协作提供了便利。在外部联系人之间,社会交往频繁的创业者所获取的相关商业信息更加丰富,从而有助于提升创业者对特定商业活动的深入认识和理解,是创业者更容易识别出常规活动中难以被他人发现的顾客需求,进而更容易获得财务和物质资源——这正是其杠杆作用所在。

第三节 商业模式的设计

一、商业模式的概述

(一) 商业模式的概念及作用

1. 商业模式的概念

模式就是做某事或描述某事时所用的计划或图表。商业模式是指一个完整的产品、服务和信息流体系,包括每一个参与者及其所起到的作用,以及每一个参与者的潜在利益和相应的收益来源和方式。在分析商业模式过程中,主要关注一类企业在市场中与客户、供应商和其他合作伙伴的关系,尤其是彼此间的物流、信息流和资金流。商业模式形成的基础主要是创业者的创意,是一个将市场需求与资源结合起来的系统。

长期从事商业模式研究和咨询的埃森哲公司认为,成功的商业模式具有三个特征:

(1) 能提供独特价值。这个独特的价值可能是新的思想,也可能是产品和服务独特性的组合。这种组合可以向客户提供额外的价值,或者使得客户能用更低的价格获得同样的利益,亦或用同样的价格获得更多的利益。

(2) 难以模仿。即企业确立自己与众不同的能力。例如,人人都知道戴尔公司是直销的标杆,但仅凭"直销"本身,还不能称其为一个商业模式。戴尔模式之所以很难复制,原因在于"直销"的背后,是一整套完整的、极难复制的资源和生产流程。

(3) 持之以恒。做企业一定要量入为出、收支平衡,这似乎是一个不言自明的道理。然而,要想年复一年、日复一日地做到,却并非易事。现实中,不少企业并不持续关注自身的盈利途径,不重视持续追踪客户为什么看中自己的产品和服务等事项。

总之,商业模式是一种包含了一系列要素及其关系的概念性工具,用以阐明某个特定实体的商业逻辑。它描述了公司能为客户提供的价值以及公司的内部结构、合作伙伴网络和关系资本等用以实现这一价值并产生可持续盈利收入的要素。换言之,商业模式是企业如何竞争、如何运用资源、如何构架关系、如何接触顾客和创造价值,并在基本利润基础上支撑自身发展的计划或图表。它是创业过程中可重复的、互相强化的关键赚钱环节和逻辑,是用来形容企业如何在市场中竞争的所有活动。在经营企业的过程当中,商业模式比高技术更重要,因为商业模式是企业能够立足的先决条件。事实证明,企业必须选择一个适合自己的、有效的和成功的商业模式,并且随着客观情况的变化不断创新,才能获得持续的竞争力,从而保证自己的生存与发展。

2. 商业模式的作用

成功的商业模式是一座桥梁,富有市场潜在价值的商业机会将通过这一桥梁过渡到企业;而缺乏良好的商业模式,机会就不能实现其市场价值。当今企业之间的竞争,不是产品之间的竞争而是商业模式之间的竞争。商业模式是企业在知识经济条件下,面对技术进步、市场需求等竞争压力,寻求能够使企业生存、发展的新途径,国内外许多知名企业正以各自不同的方式构建起富有特色的商业模式。商业模式的作用具体表现在以下四个方面:

(1) 发现和挖掘客户的真实需求,关注顾客的体验和个性差异,通过产品和服务的创新给客户创造最大价值。例如,戴尔公司为了在所服务的市场上传递最佳的顾客体验,在高品质、领先技术、有竞争力的价格、良好的服务和优异的企业形象等方面满足顾客的要求,并把企业客户与政府机构作为它的目标市场。

(2) 超越自我局限,开展商业合作,建立战略联盟,积聚战略资源。例如,雅虎网站起初提供免费的互联网搜索服务,并通过在网站上创造广告空间来获利。在2000年早期,雅虎网站的广告收入锐减的现象。雅虎因此及时修改了商业模式,将更多的订刊服务纳入服务内容,创造了更稳定的收入流。

(3) 扬长避短,积累和培育独特核心能力,构筑模仿壁垒,形成核心竞争力。例如,李维斯牛仔裤、苹果电脑、索尼等公司均具备独特的核心能力,它们都是在某个核心业务方面处于行业领先的地位。

(4) 整合产品和服务价值链的全过程,对企业理念、要素和流程进行系统集成,也对企业战略动态组合。例如,戴尔公司为维持与供应商的密切关系,使用高级软件来提高供应链的绩效,构建了一个协作严密的供应链,支持公司以合理价格提供最新技术电脑的核心战略。

(二) 商业模式的构成要素

商业模式的内容十分广泛,凡是与企业活动有关的内容,几乎都可以纳入商业模式的范围。商业模式主要由核心战略、战略资源、伙伴网络和顾客界面四个要素构成,关注这些要素对新创企业的成功至关重要。

1. 核心战略

核心战略是从企业的使命、产品/市场范围、差异化基础等方面描述企业如何与竞争对手竞争。

1) 企业的使命

企业的使命是对企业经营范围和发展方向的定位,它描述了企业做什么、为什么存在和将会怎样。这是企业最高层次的目标和追求,也是制定企业战略的出发点。例如,星巴克的使命是把星巴克建成世界第一流的高品质咖啡店;微软公司的使命是使每一个家庭都使用微软公司的软件;波音公司的使命是让空中旅行走进千家万户。透过上述这些企业的使命陈述可以看出,使命表达了企业优先考虑的事项,并设置了衡量企业绩效的目标。当然,对一个企业来说,使命的限定不能太窄,概括应言简意赅、富有活力、现实可行、普遍认同,否则商业模式的内容就会变得单一化,不利于企业变革与创新。

2) 产品/市场范围

企业产品/市场范围定义了企业集中关注的产品和市场。首先,产品的选择对企业商业模式的选择有重要影响。正如前文提到的雅虎网站一样,由于广告收入锐减,公司及时修改了它的商业模式,创造了更稳定的收入来源。另外,企业从事经营活动面对的市场也是其核心战略的重要因素。

3) 差异化基础

新创企业将自己与竞争对手进行差异化是非常重要的。一般来看,企业会在成本领先或差异化战略中选择其一,从而在市场上给企业定位。然而大多情况下,由于成本领先要求企业要达到规模经济并需花费一定的时间,对新创企业来说比较困难。相反,差异化战略要求商业模式集中于开发独特的产品或服务,可以索要更高的价格。采用差异化战略的企业通常把大量精力和财力用于创造品牌忠诚度上,如李维斯的牛仔裤、苹果公司的电子产品采取了这样的做法。

2. 战略资源

企业拥有的资源会影响其商业模式的持续性。在众多的企业资源中,企业的核心竞争力和战略资产是极其重要的两种战略资源。

1) 核心竞争力

核心竞争力是企业胜过竞争对手的竞争优势的来源,表现为一种资源或能力。它是超越产品或市场的独特技术或能力,对顾客的可感知利益有巨大的贡献,并且难以模仿。企业的核心竞争力在短期和长期内都很重要。在短期内核心竞争力使得企业能够实现差异化,创造独特价值;从长期看,企业可通过核心竞争力获得成长以及在互补性市场上建立优势地位。

2）战略资产

战略资产是企业拥有的稀缺、有价值的事物,包括各种设施和设备、所处的区位、品牌、专利、顾客数据信息、高素质员工和独特的合作关系等。其中,企业的品牌是一项特别有价值的战略资产。例如,星巴克花了很大力气来建立的品牌形象,无疑是为其他咖啡零售商设置了一道壁垒,他们想要获得同等的品牌认知就需要付出极高的成本。

3. 伙伴网络

初创企业不一定拥有执行所有任务所需的资源,因此,需要依赖其他合作伙伴才能发挥自身的重要作用。例如,戴尔因其装配计算机的专业技术而具有差异化优势,但它却要从英特尔公司购买芯片。尽管戴尔公司可以自己制造芯片,但它在这方面不具有核心竞争力。企业的伙伴网络包括供应商、其他合作伙伴及重要关系等。

供应商是指直接向其他生产企业或零售商提供商品及相应服务的企业及其分支机构。几乎所有的企业都有供应商,它们在企业商业模式的运作中有其重要作用。随着竞争压力的日益加大,企业逐渐抛弃了以往那种与供应商的短期合作关系,转而结成长期合作伙伴,将更多精力放在如何推动与供应商高效运作的层面上来,以实现"双赢"的目标。

除了供应商,企业还需要其他合作伙伴和重要关系来推动商业模式的有效运作。合作企业、合作网络、社会团体、战略联盟和行业协会等是企业合作关系的一些常见形式。许多快速成长的企业都组建了多元化的合作关系,这给企业带来更多的创新理念、技术和产品,更有益的机会和更高的成长率。当然,合作伙伴关系也包含着风险,在仅有的合作关系成为企业商业模式的关键要素时更是如此。企业合作关系的常见形式,如表2-3所示。

表2-3 企业合作关系的常见形式

合作形式	描述
合作企业	两个以上共用某些资源的组织创造的实体,是一个独立的、被共同拥有的组织
合作网络	一种中心辐射式的组织结构,处于中心地位的企业与其他各种企业形成相互依赖的关系
社会团体	有相同需求的一组企业,为实现其需求而联合起来组建的一个新实体
战略联盟	建立交换关系的两个或更多企业之间的一种组织安排,它不具有合资性质
行业协会	同一产业内的企业形成的一种组织(一般是非营利性的),目的在于收集和传播交易信息,提供法律和技术咨询,提供相关业务培训,并提供一个联合游说政府的平台

4. 顾客界面

顾客界面反映的是企业如何与顾客相互作用。与顾客相互作用的类型依赖于企业选择如何在市场上竞争。对初创企业来说,顾客界面的选择对于它如何与对手竞争以及自身定位于产品或服务价值链的哪个环节都是十分重要的。顾客界面可分别从目标客户群、销售的实现与支持和定价结构三个方面来阐释。

企业的目标客户群又称目标市场,是指企业在某个时点追求或尽力吸引的有限的个人或企业群体。企业选择的目标市场将影响它的每一个经济活动,如获得战略资产、培育合作关系以及开展推广活动等。拥有界定清晰的目标市场将使企业能够将自己的营销和推广活动聚焦于目标客户,并且能够发展与特定市场匹配的核心竞争力。

案例 2-5

佳能发掘新模式为个人客户创造价值

在复印机行业,施乐公司的利润源主要是大型企业与专业影印公司。它看不到个人用户对于影印便利的需求,所以失去了开发桌上复印机的先机。佳能在资源规模上无法与施乐竞争,因此采取差异化策略,重点对个人客户这一利润源进行了系统分析和研究,根据个人客户的价值需求,发掘尚未被满足的特殊顾客群,最后形成了开发简便型桌上复印机的创新构想。佳能在 1976 年推出了简便型桌上复印机,这项新产品的技术创新程度较为落后,不仅影印速度慢,影印品质还不佳,提供的影印功能也极为有限。不过,在顾客看来,却是一项能带来重大价值的成功产品,因为它能给经理人与个人工作者在工作上带来极大的方便,这些顾客不需要为影印一页文件,专程跑到影印中心,只需要简单的操作,在家中或个人办公室中即可满足影印需求。

(来源:李红英,段桂英,肖斌.创新创业基础[M].北京:人民邮电出版社,2020:151.)

销售的实现与支持描述了企业产品或服务"进入市场"的方式,表达了产品或服务如何送达客户的方法,也指企业利用的渠道和它提供的顾客支持水平。所有这些都影响到企业商业模式的形式与特征。此外,企业愿意提供的服务内容,也会影响其商业模式。有些企业将自己的产品或服务差异化,通过高水平的服务和支持向客户提供附加价值。例如,供货的安装、顾客培训、担保和维修、方便的停车场、通过免费电话和网站提供信息等。

初创企业的定价结构应符合顾客对产品或服务认知,而不是在产品成本基础上的加成定价。很多拥有规模经济的大企业因具备较低成本的优势,其采用较低的价格从而在市场上形成较强的竞争力;但有些企业则反其道而行之。比如,一些品牌标榜自己为奢侈品,从一开始就是价格领先者;也有一些企业从一开始就以创新型的定价结构为特色。通常,企业的定价结构随企业目标市场与定价原则的不同而变化。

(三) 成功商业模式的特征

成功的商业模式要具有以下三个特征。

1. 成功的商业模式能提供独特价值

创业者通过确立自己的独特价值来保证市场占有率。这个独特价值可能是新的思想,也可能是产品和服务的独特组合。这种组合要么可以向客户提供额外的价值,要么使得客户能用更低的价格获得同样的利益,或者用同样的价格获取更多的利益。

2. 成功的商业模式难以模仿和超越

企业通过确立自己独特的产品和服务来提高行业的竞争力,竞争对手难以模仿。而难以模仿则意味着企业的经营模式是不可替代的,可以走上可持续发展的道路,可维持企业较快的成长速度。

3. 成功的商业模式是脚踏实地、稳扎稳打

企业经营要做到收支平衡,但在企业日常的经营过程当中,想要持久地做到这一点却并不容易。现实中的很多企业,不管是传统企业还是新兴企业,对于为什么客户选择了自己企业的产品和服务,维系的客户是否都能给企业带来利润,企业并不甚了解。归根究底,企业没有认真地分析顾客,没有踏实经营、稳扎稳打。

总之,初创企业应从整体角度审视自己,理解商业模式的重要作用,根据自身核心战略及资源优势构建适宜而有效的商业模式。

二、商业模式的设计

商业模式设计是企业商业模式创新的基础和价值创造的保障,一个成功的商业模式能为企业发展带来持续的创新力、盈利能力,对于已经具有成熟商业模式的企业和刚刚起步的企业都有巨大意义。在不断变化的商业环境中,如何设计出最合适、最科学有效的商业模式,对于企业来说至关重要。

(一)商业模式设计的步骤

商业模式的设计需要借助有效的分析手段。在分析和设计商业模式时,重点要关注五大要素,即利润源、利润点、利润杠杆、利润渠道和利润屏障。商业模式是一个以这五大要素中的一至两个要素为核心,五大要素相互协同的价值创造系统。在设计和完善商业模式时,可以按照以下五个步骤来完成。

1. 界定利润源

企业利润源是购买企业产品或服务的顾客群,他们是企业利润的唯一源泉,企业利润源及其需求的界定决定了企业为谁创造价值。企业顾客群可以分为主要顾客群、辅助顾客群和潜在顾客群。在设计商业模式的时候,分析顾客需求,就是为产品寻找比较容易呈现价值的顾客群。一般来说,盈利的难度并非在技术与产品端,主要还是在顾客端,有时即使是把握好企业顾客的一点点需求,也可能产生巨大的顾客价值。

如果企业的商业模式无法找到相对明确的顾客需求,那么新项目将会遭遇无法创造利润的潜在风险。如果利润源不明确,也就是企业顾客和顾客需求不明确,将是导致企业商业模式不健全的首要原因。设计和完善商业模式时,分析和把握顾客需求,并寻求产品在市场中的最佳定位,是设计商业模式的首要任务。

2. 完善利润点

利润点是指企业可以获取利润的产品或服务。利润点决定了企业为顾客创造的价值是什么,以及企业的主要收入及其结构。

好的利润点是顾客价值最大化与企业价值最大化的结合点,好的利润点需要满足下述三个要求:一要明确目标顾客的需求偏好;二要为构成利润源的目标顾客创造价值;三要为企业创造价值。

3. 打造利润杠杆

利润杠杆是指企业生产产品或服务以及吸引客户购买和使用企业产品或服务的一系

列业务活动。利润杠杆反映的是企业的一部分投入。打造利润杠杆是商业模式设计与完善的重要内容,它决定了产品或服务是否为企业带来价值和带来价值的多少。良好的利润杠杆可以使商业模式更具竞争力。将没有竞争优势的企业内部价值链外包,是打造利润杠杆的一条有效途径。企业应该把业务定位在企业内部价值中的优势环节,将其他部分外包给别的企业,从而使利润杠杆更加有利。耐克在美国运动鞋行业中一直处于领先地位,对于耐克而言,营销和新颖的设计是其专长,而制造环节则采取外包策略;同时,耐克还将部分公司财务环节外包出去。

同样的产品由于利润杠杆不同,或者说由于企业内部运作价值链的差异,导致了产品的成本差异,一个企业可能赚钱,另一个企业则可能面临亏损,这就说明了利润杠杆决定了企业利润的多少。

4. 拓宽利润渠道

产品或服务的价值传递是企业把产品或服务传递给目标客户的传播活动。其目的是方便目标客户购买和了解公司的产品和服务。例如,戴尔拥有成功的商业模式,即直销模式,它的利润渠道为戴尔创造了巨大的价值。首先,直销模式大幅降低成本,简化中间商,戴尔因直销而减少了20%左右的渠道成本。其次,直销模式加快了资金周转速度。直销模式加快了资金的周转速度。

5. 建立利润屏障

利润屏障是指企业为防止竞争者掠夺本企业的目标客户,保护利润不流失而采取的战略控制手段。比较有效的利润屏障,主要有建立行业标准价值、控制链、领导地位、独特的企业文化、良好的客户关系、品牌或专利等。

商业模式金字塔,如图2-5所示。

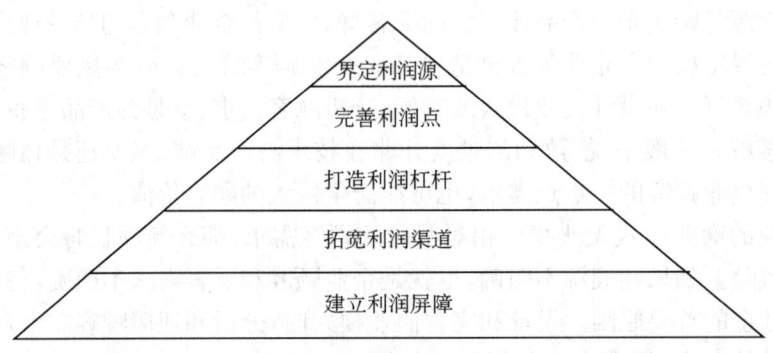

图2-5 商业模式金字塔

商业模式是一种企业创造利润的思维方式。企业有多种创造利润的方式,但最终只会选择其中的一种。随着技术的不断创新,没有一种商业模式能确保企业在未来一定会盈利,因此,也就不存在最佳的商业模式一说。企业在设计与实施商业模式的过程中,要保持良好的心态,能够适时地根据企业环境的变化,作出商业模式的调整设计。

(二)商业模式设计的方法

商业模式设计关注的是企业的价值能否实现,成功的商业模式设计应该从企业本位出发，充分考虑社会资源的利用和合理安排，创造企业价值、客户价值和社会价值等。商业模式设计应该具有一定的科学性、指导性和目的性。下面介绍几种常用的商业模式设计方法。

1. 客户分析法

良好的商业模式设计应该依靠对客户的深入分析，包括了解和分析客户的环境、客户关心的焦点以及客户的愿望等。进行商业模式设计时，应该避免过于聚焦现有的客户群体，也要关注潜在的客户群体。许多商业模式能够成功，正是因为它们满足了新客户没有得到满足的需求。在进行客户分析时，要善于选择倾听客户意见。

2. 参照法

参照法是商业模式设计的一种常用方法。企业一般选择已经成功的商业模式作为参照，然后根据自身的条件加以调整，从而完成自己的商业模式设计。企业根据参照法进行商业模式设计时，要能够充分考虑自身的情况，对参照的商业模式加以调整和创新，摸索出适合自身的更成功的商业模式。

3. 关键因素法

关键因素法是企业通过关键因素的成功识别，从而找到实现目标所需要的关键因素的集合，从而确定商业模式设计的优先次序的方法。该方法的实施主要包括：①确定商业模式设计的目标；②识别所有的关键因素，分析商业模式的各种因素及其子因素；③确定商业模式设计中不同阶段的关键因素；④明确各关键因素的性能指标和评估标准；⑤制定商业模式的实施计划。

4. 创新法

创新法主要用于设计新的商业模式的方法。创新法主要包含两个阶段：第一阶段是创意生成阶段，这个阶段主要关注新的商业模式的创意数量；第二阶段是创意合成阶段，这个阶段主要针对所有的创新进行讨论，对这些创新创意模式加以组合，最终在几个少量可行的模式中进行创新思考。值得注意的是，创新法产生的新商业模式并不一定会推翻原来的商业模式，但能增强企业竞争力。

总之，商业模式的设计需要增强创新意识，要遵循新时代发展理念，要用陌生的、好奇的、质疑的眼光看待周围一切熟悉或不熟悉的事物，对一些常见现象要反复思考、反复观察，才能发现原来所没有发现的新问题。要善于回到实物的起点，还原事物的本质，深入事物的内部，才能跳出固有的条条框框，从新的角度去思考事物未来发展的新方向。

三、商业模式创新

全球无数次经济危机带来的启示是，每一次危机都会带领我们进入一个重新洗牌的时代，中国企业的"低成本时代"已经走向终结，将不可逆转地参与到"商业模式"的竞争中，否则企业将无法做强走远。"双创"是我国未来经济社会发展的主旋律之一，商业模式创新是其高端形态，也是改变产业竞争格局的重要力量。中国企业处在经济转型升级的大背景下，"转型升级"中效果最明显、最有价值的就是进行商业模式的创新。

国外对商业模式的研究已具有一定的深度，从早期有关商业模式概念、要素和分类等的研究逐渐转向商业模式创新的研究。研究数据表明,成功的企业创新超过60%是商业模式的创新。而实践证明,商业模式可以复制,但也需要调适;商业模式可以组合嫁接,但也需要重新定位;商业模式可以模仿,但更需要打破。

(一)商业模式创新的动因

任何一种经济活动都是行为主体在一定驱动力下进行的,企业的商业模式创新也不例外。企业进行商业模式创新的动因具体归结为技术推动、需求拉动、竞争压力、高管支持和系统作用五个方面。

1. 技术推动

由于商业模式这一概念是随着网络经济的兴起而被广泛传播和接受的,而早期对商业模式创新的关注也更多是集中在新兴的互联网企业,以互联网技术为代表的新技术是商业模式创新的主要动力。此外,企业内部技术的提升是推动商业模式创新的动力之一。技术环境的变化推动商业模式的创新在多个领域得到了证实。当然,在商业模式创新的过程中,还需要关注基础技术(能被大多数行业采用的技术)和专业技术(只能在某个行业内部应用的技术)对其不同的推动作用。

2. 需求拉动

随着商业模式创新研究从互联网行业扩展到更多的领域,人们发现有些商业模式的创新根本没有利用新的技术,只是提供了能满足客户需求的新产品或服务。德勤咨询公司对15家企业商业模式创新进行的研究结果表明,推动商业模式创新的主要动力并不仅仅来源于技术的推动、法规和社会经济变化,还来自企业为了满足消费者长期拥有但被忽视或未得到满足的需求而进行的努力。比如,美国西南航空提供的廉价短途航空旅行服务。

3. 竞争压力

市场竞争与经营危机压力是迫使企业寻求创新机会的一个重要动力,也是逼迫企业实施商业模式创新的重要驱动因素。技术和经营方式的变化会给企业带来压力,当这种压力累积到一定程度或达到临界点时,企业就会产生商业模式创新的需要。IBM公司对世界范围内765个CEO或公司高管进行了调查,结果发现,大约40%的高管担心竞争对手的商业模式创新有可能从根本上改变行业前景。因此,他们希望自己的公司能够参与和掌控这种创新。

4. 高管支持

商业模式创新涉及企业经营的方方面面,因此,必须在企业高管的支持下才能实现。调查发现,大多数企业高管把30%左右的创新努力放在了商业模式创新上,有些甚至把商业模式创新放在其他创新之前。高管支持下的商业模式创新存在主动创新和被动创新的差别,这必然会影响到创新的效果。

5. 系统作用

事实上,单种动力无法完全解释企业实施商业模式创新的动机,也就是说,商业模式创新不单单是宏观经济的变化决定的,或是技术环境的变化推动的,也不仅仅是因人员的变化加快的,或因商业文化的变化要求的。所以,一些学者试图系统地解释不同创新动力的作用方式。随着行业内竞争的加剧和现有客户需求的变换,企业现有商业模式的价值趋于减小,从而要求运用新技术或利用外部环境变化带来的机会去实施创造价值的新策略,其结果就是商业模式创新。这样的视角不仅能较好地说明企业商业模式创新是受多种因素影响的结果,而且更符合实际。

总的来看,上述这些动因分析的观点,对于企业识别商业模式创新因素有积极的作用。当然,企业在商业模式创新中除了强调引起创新的外部因素,也不能忽视企业产生创新行为的内在动力。

(二) 商业模式创新的内容

盈利是每个企业必须考虑的首要问题,如何盈利,企业的创业经营该如何展开,是企业在成长中要不断努力探索和解决的问题。而在所有的创新当中,商业模式的创新属于最本质的创新。商业模式必须根据客户需求的变化,以及融资方式、市场竞争形势的演变等多方因素,及时作出调整和创新。通常来说,企业商业模式的创新涉及以下六个方面:

第一,通过量变拓展现有的商业模式。以原有商业模式为基础,将业务引向新的领域,进而增加客户量,调整价格,增加产品线和服务的种类。这些都是通过量变在原有商业模式基础上增加回报率的。

第二,对已有的商业模式的独特性进行更新。该方式注重的是向企业客户提供的价值更新,借以抵抗价格竞争所带来的压力。

第三,将成功模式复制到新的领域,用现有的手法向新市场推出新产品,在新的条件下复制自己的商业模式。

第四,重新定位商业模式。通过购买或出售业务,重新为自己的商业模式定位。

第五,突破现有能力来增加新的商业模式。利用企业在商业模式中发展起来的能力,创造出一系列成功的商业模式。

第六,从本质上改变商业模式。尝试其他方式盈利。

案例 2-6

"罗辑思维"的社群模式

"罗辑思维"是目前影响力较大的互联网知识社群,包括得道 App、微信公众订阅号、知识类脱口秀视频和音频、会员体系和微商城等多种互动形式,主要服务于"80 后""90 后"有"爱智求真"强烈需求的群体。

"罗辑思维"是一场互联网社区试验,罗振宇把自己视为"手艺人",为大家读书,一起用全新的思维方式重新发现新世界。微信公众订阅号"罗辑思维"语音,每天早上 6 点发出,365 天无休;视频节目每期 50 分钟,每周四在优酷网播出,全年 48 期。"罗辑思维"的口号是"有种、有趣、有料",倡导独立、理性的思考,凝聚爱智求真、积极上进、自由阳光人格健全的年轻人。罗振宇用情感共鸣黏住用户,用人格思维凝结社群,用社群力量拓展边界,是国内微信营销的典范。

> 2016年,"罗辑思维"拥有66 000名付费会员(铁杆会员:16 000人,亲情会员:50 000人;铁杆会员会费:1 500元/人,亲情会员:300元/人,总计近4 000万元会费收入),"罗辑思维"的微信生态电商收入,一年累计过亿元。"罗辑思维"推出罗振宇2016个人脱口秀跨年演讲,其门票收入以及费助费收入,累计近4 000万元。目前,"罗辑思维"的估值为70亿元人民币。
> (来源:李红英,段桂英,肖斌.创新创业基础[M].北京:人民邮电出版社,2020:155.)
>
> **【解析】**"罗辑思维"自媒体节目将罗振宇塑造为"读书人",社群传播则起到强化价值认同的作用,"前台内容"与"后台社群"完成价值观输送和价值观强化的作用。"罗辑思维"将传播方式和盈利方式都建构在获取社群成员的信任上,但是,这一点与"罗辑思维"团队"攫取利益"间存在着背离——罗辑思维的社群活动的商业化在不断侵蚀社群成员的信任基础。尽管日益取得资本市场的认可,但是如何在保持自媒体节目"读书"本色的同时,实现商业利益的可持续,如何在传播内容与盈利方式之间进行平衡,是摆在"罗辑思维"团队面前的一个难题。

(三)商业模式创新的途径

商业模式创新是当今企业获得核心竞争力的关键。沃尔玛、亚马逊、ZARA、阿里巴巴、国美、如家等企业,都是因为它们独特而具有竞争力的商业模式而异军突起,在各自竞争激烈的行业成为领袖。而企业实施商业模式创新的目的是为企业、股东、客户和合作伙伴创造更多的价值。虽然商业模式创新很重要,但挑战也非常大。不仅因为商业模式是无形的,而且其创新实际上是一种高层次的企业创新行为。商业模式的创新包括了企业从内部到外部的各种资源、制度和行为方式的整合,涉及企业运作的方方面面。

按照IBM商业研究所和哈佛商学院克利斯坦森教授的观点,商业模式包含四部分,即用户价值定义、利润公式、产业定位和核心资源与流程。围绕上述商业模式创新的途径主要有以下五个方面。

1. 重新定义顾客需求

由于顾客的需求时刻发生着变化,企业必须洞悉顾客需求的变化趋势,才能在竞争中取胜。重新定义顾客需求意味着企业需要对产品和服务所在的细分市场的目标顾客进行需求的不断确认。这种确认是动态而非静态的,关键是要弄清楚顾客最想要什么,顾客会喜欢什么产品,如何才能更好地实现顾客的愿望。顾客需求是不断变化的,这给所有参与经营的企业提供了均等的机会,无论是行业领导者还是后进入者,谁能够及早发现顾客的潜在需求,谁就可以在重新定义顾客需求上获得先机,成为这个细分市场新的领跑者。

2. 重新定义产品/服务

重新定义产品/服务的特点是基于企业为满足顾客需求而提供的产品或服务方面的创新,并由此出发来进行整个商业模式的创新设计。知识经济使产品的外延与内涵发生了巨大的变化,不仅农产品、工业品成为商品,知识、服务、信息及技术都成为商品。因此,对产品和服务重新定义的方式是一种常见的商业模式创新方式。重新定义意味着那个新的产品和服务对现有的细分市场中的产品和服务进行替代,是对产品功能、结构和形态的创新,而不仅仅是产品和服务形式或款式的改变。

3. 重新定义顾客接触方式

顾客接触方式涉及顾客界面的设计和选择。它包括两个方面:一是企业的产品和服务是如何送达顾客的;二是企业与顾客之间如何进行信息的传递和沟通。在这两个方面,企业与顾客都以不同的方式进行各种接触。沟通是为了让企业和顾客相互了解;沟通越直接、越频繁,企业也就越能满足顾客的需求,而顾客也就能获得更好的服务。但是,频繁的沟通是以昂贵的沟通成本为代价。因此,顾客接触方式选择和创新的目标就是基于在不断提高与顾客接触效果的同时,达到合理控制成本的目的。

4. 重新定义供应链组织方式

供应链组织方式关系到企业如何实现向顾客提供的价值。在传统的供应商组织方式中,企业与其供应商之间是一种互为成本的竞争关系。在经济全球化的环境下,企业的成功不再依赖传统的资源集合的程度,更多的是依赖企业积聚和使用的知识为产品或服务的增值。这种商业模式创新强调企业在核心业务上集中更多的战略资源的同时,能通过整合其他企业的资源来构建新的供应链组织方式,从而弥补自身的不足,使自身更具竞争力。

5. 扩大以顾客价值为中心的网络协同效应

商业模式是企业在一定的价值链或价值网络中如何向客户提供产品和服务并获取利润的价值创造逻辑。所以,这种模式的创新是围绕顾客价值的实现方式和价值内容而进行的,企业可以通过价值创新的各种手段,向顾客提供比竞争对手更大的价值,从而获得竞争优势。为此,企业就需要以顾客价值为中心,通过在更大范围内与其他企业之间构成的某种价值网络所产生的协同效应来创新其商业模式。

商业模式创新的出发点,是如何从根本上为客户创造价值。对于新创企业,因其实力,从一开始就要努力把握全新的市场机会,对比参考国内外的既有模式发掘细分市场,并利用好互联网与传统行业结合所诞生出来的新市场,设计与自身资源结合的优秀模式。

案例 2-7

《中国好声音》的商业模式创新选择

2012年,有一档电视节目红遍大江南北,那就是《中国好声音》。《中国好声音》不仅将浙江卫视推到了一个前所未有的高度,同时也为其带来了3亿元的广告收入。它的成功,给我们呈现了中国文化产业商业模式的创新。作为一个成功的案例,它在客户定位、资源整合和盈利方式等方面都有深刻的体现。

商业模式创新一:团队卓越

《中国好声音》之所以取得巨大的成功,与其卓越的团队密切相关。在节目的制作上,各方面的团队都可以说是最专业和顶尖的。节目组的四位导师都是著名的音乐人,音响设计师曾经负责北京奥运会开幕式,录音师是专门为王菲录制音乐专辑的人才,节目的视觉效果和舞美效果也是世界一流水平。此外,场内共设置26个机位,要拍摄近1 000小时的素材才能完成每集不到90分钟的节目,录制的平均时长多达12小时。

商业模式创新二:客户定位

《中国好声音》的观众定位是20~50岁的人群,他们很反感"拜金、富三代、炒作"等标签。而导师背对候选人,不看长相,不看家庭背景,只听声音,这无形之中就弘扬了一种公平原则,以实力说话,更给社会注入一些真善美的正能量,影响着无数"80后""90后"乃至整个社会,告诫人们成功没有捷径可走,只有通过个人的努力、激情和超群的实力去实现。所以,从这个意义上来说,浙江卫视抓住了大部分观众的心理,也体现了当今社会大多数人内心的价值需求。

商业模式创新三:"捆绑式"合作

与以往明星做节目按照场次计算报酬的方式不同,《中国好声音》四位导师采取的是"技术入股,彩铃分红"的收入模式。导师与节目采取"紧密捆绑式"合作,以他们在节目中的参与作为投资,共同投资、共担风险、均分收益。与此同时,制作方还与中国移动进行了很好的合作,通过一些后期的开发来赚取长远的收益。例如,把学员的现场演唱制作成MP3甚至彩铃,供广大用户下载,这也是学员收入的来源之一。

此外,突破了传统电视平台和节目制作公司之间"你制作我播出"的简单合作模式,在前期投资上,灿星制作公司与浙江卫视共同购买版权;在运作过程中,灿星制作公司支付前期制作费用,而浙江卫视负责审批、投入,包括转播、剪辑和户外广告成本等。

商业模式创新四:深挖产业链,延长节目生命力

除了传统的广告收入分成、征收版权费,《中国好声音》的电视台和制作方还深挖产业链,包括选手的签约及签约后的商业演出等项目。选手们通过一系列的商业演出、演唱会、彩铃下载等活动,其明星效应不断得以增强,《中国好声音》也建立了它的持续赢利的长效机制。

[来源:王关义,刘希.中国文化创意产业商业模式创新的路径选择[J].首都经济贸易大学学报,2014,16(03):53-56.]

【解析】 商业模式的核心是价值创造的问题,所以商业模式的创新要立足于客户价值的实现,《中国好声音》对文化产业的资源和能力进行了有效整合和创新,使其得以在市场竞争中脱颖而出。在风云变幻的市场中,谁能进行商业模式的创新,谁就能抓住客户,抓住机遇。

商业模式的创新,要求不能患得患失,用老办法、老眼光看待和解决问题,怕出问题、怕担责任、不敢创新。习近平总书记指出:"抓创新就是抓发展,谋创新就是谋未来。"在全面深化改革,破解发展难题的今天,党中央把创新摆在国家发展全局的核心位置。个人只有创新才能更好地在社会上立足,不断地进步,才能应对各种困难和挑战。树立创新学习的理念,首先要打好知识基础,在掌握了一定知识的基础上,要提高思维能力,才能不断创新。

第四节 商业计划书的撰写

一、商业计划书的概述

(一) 商业计划书的概念

商业计划书是指在战略导向下通过确定的商业模式实现阶段性战略目标的一切计划和行动方案,是一份详细描述创业者的经营理念、商业目标,以及如何运作未来计划的正式陈述,它也是帮助创业者或协助投资者判断商业计划是否可行的利器。

(二) 商业计划书的作用

1. 帮助规划企业航线

商业计划书制定了企业长远发展方向,创业者要考虑企业长期经营而不仅限于创业初期。

2. 进行可行性分析研究

商业计划书进行可行性分析研究主要包括四个内容:①商业想法是否可行;②项目是否有利可图;③需要何种投融资;④认清影响成功的障碍因素。

3. 有助于创业者作出更好的决策

商业计划书内容方面含有预测问题,在提前收集信息的过程中将使创业者能够作出更加明智的决定。

4. 有利于实际检验

商业计划书挑战创业者先入为主的设想;在创业者遇到问题之前可预先找出解决这些问题的方案;让创业者明白需要什么;确定企业的优势和劣势,并发现其所需帮助的领域。

5. 发挥工具作用

商业计划书可以发挥指导、测量和销售工具的作用。商业计划书将全程指导企业发展,并根据商业计划书的预期衡量进度,作出相应调整,同时借助商业计划书将企业作为一个投资机会,"出售"给潜在的投资者和合作伙伴。

总之,在创业过程中,商业计划书可以帮助创业者把握良机,克服困难,赢得企业或项目发展所需的各方面支持。商业计划书并不只限于初创企业。在企业成长扩张阶段,对于每项重大业务或项目,企业家也同样需要借助商业计划书,以使企业在激烈竞争的商业环境中成功地生存下来。

二、商业计划书的模板

(一) 商业计划书的内容

商业计划书有许多不同类型,其布局和结构主要取决于项目的种类、计划的目的和阅读的对象等。因此,请根据实际情况在下列的内容中适当删减或增加:①执行摘要;②公司简介;③人员与组织;④产品或服务;⑤行业竞争与市场分析;⑥营销策略;⑦生产运营;⑧财务分析;⑨风险管理和附录。

(二) 商业计划书的模板

下面列示的是商业计划书的模板。

商业计划书模板

福州大学　陈俊

按国际通用的标准文本格式撰写的项目计划书,是全面介绍创业项目情况,阐述产品市场及竞争、风险等未来发展前景和融资要求的书面材料,一般包括十一个构成部分。

一、企业宗旨

(200字左右,我们是做什么的)

二、项目摘要

创业计划书摘要,这是整个计划书的核心之所在,要提炼要点,引人入胜。项目摘要主要包括:①项目概念与概况;②市场机遇与前景;③项目的产品概述;④项目的竞争优势;⑤项目的市场策略;⑥项目的核心团队;⑦项目股权与融资;⑧其他需要着重说明的情况或数据。

三、市场分析

市场分析主要从商机和行业两个方面分析,通过实例与数字论证进行商机分析。行业分析一般要回答以下七个问题:①该行业发展程度如何?②该行业发展现状如何?③该行业的市场容量多大?扩张趋势如何?④该行业有哪些主要企业?竞争态势如何?⑤政策因素对该行业的影响程度如何?⑥经济发展对该行业的影响程度如何?⑦其他影响及行业发展的核心因素如何?

四、产品概况

(一) 关键技术介绍

关键技术介绍主要包括以下内容:①产品技术概况介绍;②产品技术实现原理;③产品技术优势分析;④产品技术研发方向。

(二) 生产经营计划

生产经营计划包括主要产品的生产经营计划、公司的生产技术能力、品质控制和质量改进能力、将要购置的生产设备以及生产工艺流程。

(三)产品服务介绍

产品服务介绍主要包括:①产品的名称、特征、性能、用途和对用户的价值。②同样的产品是否已上市?为什么?③产品的市场前景和竞争力如何?④产品的技术改进和更新换代计划及成本。

五、市场营销

市场营销介绍企业所针对的市场、营销战略、竞争环境、竞争优势与不足,主要包括对产品的销售金额、增长率和产品或服务所拥有的核心技术、拟投资的核心产品的总需求等。其中,目标市场主要要解决三个问题,即细分市场是什么?目标顾客群是哪些?目标市场份额有多大?竞争分析从五个方面着手,包括主要竞争对手,竞争对手所占的市场份额和市场策略,竞争策略,竞争优势,产品的价格、性能、质量在市场竞争中的优势。市场营销主要介绍营销渠道的选择和营销网络建设,广告策略和促销策略,价格策略,市场渗透与开拓计划,市场营销中意外情况的应急对策。

六、创业团队

创业团队介绍包括:①全面介绍公司管理团队情况(列出公司的股东、董事、核心雇员、薪金、股权期权,展示核心团队的战斗力和独特性及与众不同的凝聚力和团结战斗精神);②列出企业的核心人物(含创建者、董事、经理和主要雇员等);③企业全体职员工人数;④企业兼职员工人数;⑤尚未有合适人选的关键职位的数量;⑥管理团队优势与不足之处;⑦人才战略与激励制度;⑧外部支持公司聘请的法律顾问、投资顾问、投发顾问和会计师事务所等中介机构名称。

七、财务预测

财务预测包括:①财务分析;②完成研发所需投入;③达到盈亏平衡所需投入;④达到盈亏平衡的时间,项目实施的计划进度及相应的资金配置、进度表;⑤投资与收益、税收情况;⑥简述本期风险投资的数额、退出策略、预计回报数额和时间表。其中,财务分析主要从三个方面着手:

(1)过去3年的历史数据,今后3年的发展预测,主要提供过去3年现金流量表、资产负债表、损益表以及年度的财务总结报告书,包括税收情况。

(2)投资计划。投资计划主要包括:①预计风险投资数额;②投资收益和再投资安排;③风险投资者投资后双方股权比例安排;④投资资金收支安排及财务报告编制;⑤投资者介入公司经营管理程度。

(3)融资需求,包括创业所需要的资金、团队出资情况、资金需求计划、为实现公司发展计划所需要的资金额、资金需求的时间性、资金用途。融资方案,包括企业希望投资人及所占股份的说明、其他资金来源,如银行贷款等。

八、资本结构

资本结构包括三个方面:①目前资本结构;②本期资金到位后的资本结构;③说明希望寻求什么样的投资者(包括投资者对行业的了解,资金上、管理上的支持程度等)。

九、投资者退出方式

依照本商业计划,在对公司上市的可能性和上市的前提条件作出说明的基础上,列示股权转让、股权回购和利润分红等投资者退出方式。

十、风险分析

企业面临的风险及对策。详细说明项目实施过程中可能遇到的风险,提出有效的风险控制和防范手段,包括技术风险、市场风险、管理风险、财务风险及其他不可预见的风险。

十一、其他说明

其他说明包括:①企业成功的关键因素;②商业团队的主要负责人或核心成员详细的个人简历及证明人;③媒体关于产品的报道;④公司产品的样品、图片及说明,其他资料;⑤创业计划书内容真实性承诺和保密承诺。

(来源:蔡立雄,等.大学生创新创业基础[M].北京:北京大学出版社,2018:134-138.)

三、撰写商业计划书的技巧

商业计划书是呈现给投资人,用来吸引投资人的投资的。一份投资人喜欢的好的商业计划书要注意以下的技巧。

(一)不要迷信模板

很多人写商业计划书时,会从网上搜一个模板,略作修改后发给投资人。这种行为是不推荐的,因为一个好的项目必须有它自己独特的叙述思路和呈现方法,一味地套用并不可取。

(二)呈现投资人想知道的所有要点

团队可以根据不同行业进行叙述,如对于互联网创业者来说,投资人关注的要点主要有用户数、日新增浏览量、独立访客量、日活跃用户数量、留存率、用户停留时长、使用频率、竞品情况以及未来发展方向与空间等。

(三)控制篇幅

很多商业计划书洋洋洒洒写了数十页,分析了诸多问题,其实并不可取。一般初创企业的商业计划书包括用户需求、产品功能、市场空间、竞争分析、发展战略,以及对业务增长的预测或者简单的财务预测。

(四)注重团队的价值

从业经历、团队规模、做过的产品、团队的士气与活力,都是"卖点"。

(五)忌用描述性语言

投资人时间有限,一份好的商业计划书要少用描述性语言,多提要点和关键词。带有过多感情色彩,甚至把一些 Word 文档上的文案复制粘贴成为幻灯片正文,都是不可取的做法。

(六) 用好数字,数字最有说服力

投资人最喜欢看的就是数字和图表,如果你的数字和图表全都处在上升通道上,那么离拿到投资就不远了。这些数字包括用户数日新增浏览量和收入情况等。

(七) 不要夸张,不要不切实际的幻想

很多商业计划书上会写明目前市场上有多少用户,或者预计明年收入 100 万元、后年收入 1 000 万元,甚至包括第三年上市等,这些不切实际的幻想对于投资人来讲毫无意义。

杰夫·海曼和他的商业计划书

1995 年,杰夫·海曼足足花了七八个月时间才完成一份关于开发 Career central 招聘网站的商业计划书。到他写完的时候,这份计划书足足有 150 页,当时和他同在硅谷的同事们都对这份计划书的完整、缜密赞不绝口,最后他也确实成功拿到了创业所需的 50 万美元启动资金。但是,每当回忆起这件事时,他总是忍不住要想,花费这么长的时间是否值得呢?

2011 年,杰夫·海曼在芝加哥有了另一个创业灵感——以数据跟踪为特色的减肥中心 Retrofit,这次,他没有花很多时间来写创业计划,而是用了 4 个月的时间来考察自己的想法,走访潜在消费者、分销商和肥胖问题专家,彻底了解相关市场。经过 100 次访谈后,他写出了一份仅有 2 页纸的商业计划书。最后,他就靠这 2 页纸拿到了创业所需的 270 万美元启动资金。

(来源:李红英,段桂英,肖斌.创新创业基础[M].北京:人民邮电出版社,2020:161.)

【解析】事实上,一份具有可行性的商业计划书是融资最起码的条件,无所谓篇幅的长短。虽然,满怀激情的创业者可以在几小时内就写完一份商业计划书,却要花好几个月的时间调查市场、收集相关信息、分析创业项目的可行性和市场前景,因为他们的目标非常明确:我要干一番事业,而不是在纸上谈一番事业。

本章小结

本章主要介绍创业团队的组建,创业资源的整合、商业模式的设计以及商业计划书的撰写。当今社会,大学生创新创业的因素是多元化的,在创新创业过程中容易被金钱和利益左右,团队观念淡薄。大学生只有具备较强的社会责任感和团队精神,加强价值观、人生观、道德观和社会责任感的培养,才会关心国家、社会和集体的前途,关心环境、关爱他人。这也是创新创业的深层内涵和高层目标。

 **思考题**

1. 作为创业者,请进行自我评估,写出优缺点各 4 个,并进行排序。
2. 假如你要创业,你会选择哪种类型的创业团队?为什么?
3. 如果你是一个创业者,将如何建立自己团队的管理制度以保证沟通及时?
4. 假如你将开始创业,会怎样进行人才选拔和任用?
5. 创业项目资源整合的原则是什么?
6. 什么是商业模式?有哪些构成要素?
7. 如何看待商业模式在企业中的地位和作用?
8. 商业模式设计的方法有哪些?
9. 什么是商业计划书?
10. 撰写商业计划书有哪些技巧?

第三章

创新创业企业涉税概述

 本章学习目的

学生通过本章的学习,了解根据课税对象不同划分的流转税、所得税、资源税、财产和行为目的税等税种的含义、征税对象、税目、税率和应纳税额的计算;熟悉创业企业可能涉及的税收项目;厘清创新创业者向谁申报缴纳税收的问题;明晰全面推进依法治国的重要意义,增强依法纳税和诚信纳税意识;理解社会主义核心价值观的内涵,切实感受我国政府改善民生的决心,激发爱国情怀,领会"人类命运共同体"以及"合作共赢"的思政元素。

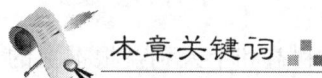 **本章关键词**

税收　税法　增值税　消费税　关税　企业所得税　个人所得税　资源税

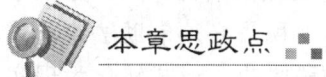 **本章思政点**

税收的含义　税法的含义　消费税　个人所得税　环境保护税

 **案例导入**

贵州破获出口"貂皮大衣"骗税案

2020年10月,贵州税务联合公安、海关、人民银行成功破获一起出口"貂皮大衣"骗税案。经查,该涉案团伙注册3家"貂皮大衣"生产出口企业,采取虚假购进、虚假生产和虚假出口等手段,层层伪装,短时间内"出口"金额高达2.13亿元,并通过让他人为自己虚开发票、非法买汇结汇等手段骗取出口退税。目前,税务机关认定涉案企业骗取出口退税2 000万元,法院已作出一审判决,判决4名涉案人员犯骗取出口退税罪,判处4～11年不等有期徒刑。

（来源:国家税务总局网站,网址 http://www.chinatax.gov.cn/chinatax/n810219/n810724/c5165548/content.html）

问题: 你从出口"貂皮大衣"骗税案的破获中,获得哪些启示?

第一节 税收概述

"国之税收,民惟邦本",创业企业从创办之日起就会涉及相应的税收项目,需要创业者予以充分关注。

一、税收与税法

(一) 税收

税收又称国家税收,是指国家为满足社会公共需要,凭借其政治权力,强制、无偿地参与国民收入分配所取得财政收入的一种手段,具有无偿性、强制性和固定性的形式特征。

古今中外,税收在财政收入所占比重都很大,是国家财政的重要支柱,是国家机器运转的经济基础,我国的财政收入有90%以上来自税收收入。税收征税的主体是国家,由税务部门和海关负责征收,取之于民、用之于民、造福于民。除了国家,其他任何机构和团体都无权征税。国家凭借全体社会成员集体让渡或授予给政府的公共权力为社会提供公共产品。

税收"取之于民,用之于民"的本质,体现了国家利益、集体利益和个人利益根本上的一致性。国家职能的实现,必须以社会各界缴纳的税收为物质基础;根据权利与义务相统一的原理,公民在享有国家提供服务的同时,必须承担义务,自觉诚信纳税。人民是国家的主人,税收的征管和使用关系到国家的发展和纳税人的利益。税收必须借助法律形式实施,通过制定各种法律、法规和规章并付诸实施,将理论上的税收收入形式转化为现实的财政收入。因此,税法是税收制度的法律表现形式。

(二) 税法

税法是国家制定的用以调整国家与纳税人之间在征纳税方面的权利及义务关系的法律规范的总称。它是国家依法征税、纳税人依法纳税的行为规范。税法作为我国法律体系的重要组成部分,其地位是由税收在国家经济活动中的重要性决定的。税法的本质是正确处理国家和纳税人之间因税收而产生的税收法律关系和社会关系。一方面,税法要保证国家税收收入,另一方面,税法也要保护纳税人的权利,两者缺一不可。税收与税法密不可分,有税收必有税法,没有税法就没有税收。国家的一切税收活动均以法定形式表现出来。

我国目前开征18个税种,截至2022年2月,已经立法12个单行税法,具体包括个人所得税法、企业所得税法、车船税法、环境保护税法、烟叶税法、船舶吨税法、车辆购置税法、耕地占用税法、资源税法、契税法、城市维护建设税法和印花税法。伴随着法治中国的建设,税收法定进程明显加快。12个单行税法的颁布,表明我国依法治税取得了明显成效,依法治税和法治中国建设一脉相承,依法治国是坚持和发展中国特色社会主义的本质要求和重要保障。依法治国既让国家征税有法可依,为实现税法公平正义提供制度保障,同时也让一系列优惠政策进一步得到明确和固定,彰显了我国政府改善民生的决心。

按征税对象的不同,我国税种可以划分为流转税、所得税、资源税、财产税和行为目的税五大类。其中,16个税种由国家税务机关征收,2个税种由海关代为征收。此外,税务部门还负责教育费附加、文化事业建设费和社会保险费等27项非税收入的征收工作。创新创业者在创业之初,如果不了解相关税法知识,切记不要急于创业,学习和理解税法非常必要,并且建议把税收计划作为创业计划书的主要内容之一。

二、创业企业可能涉及的税收项目

本节主要对18个税种作简要介绍,便于创新创业者了解创业过程中会涉及的涉税事项和税收项目。

(一) 流转税

流转税又称货物劳务税,是对货物或劳务的流转额进行征税,包括增值税、消费税、关税和烟叶税共四个税种,主要是在生产、流通、服务及进出口贸易等方面发挥调节作用。只要发生了货物或劳务的销售,就要缴纳流转税,与企业盈利与否、盈利多少无关。流转税与商品生产、流通和消费有着密切的联系,不受成本费用的影响,由于其收入的"刚性",有利于国家发挥对经济的宏观调控作用。流转税为世界各国尤其是发展中国家所重视和运用。

1. 增值税

增值税是以商品(含应税服务、无形资产、不动产和金融商品)在流转过程中产生的增值额作为计税依据而征收的一种流转税。增值税是中国最主要的税种之一,增值税的税收收入占中国全部税收的60%以上。

增值税的纳税人是指在中华人民共和国境内发生应税交易且销售额达到增值税起征点的单位和个人,以及进口货物的收货人。增值税纳税人按照其经营规模及会计核算是否健全,划分为一般规模纳税人和小规模纳税人。年应征增值税销售额500万元及以下为小规模纳税人;年应税销售额超过500万元的纳税人为一般规模纳税人。增值税的征收办法有两种,即一般计税和简易计税。

一般规模纳税人适用一般计税方法计税,即以当期销项税额抵扣当期进项税额后的余额为应纳税额。其中,销项税额为应税销售额乘以适用税率;进项税额是指纳税人购进货物、接受应税劳务,或者购进应税服务、无形资产与不动产所支付或者承担的增值税额,但只有税法规定准予抵扣的进项税额才可以在计算应纳税额时从销项税额中抵扣。应纳税额的计算公式:

$$应纳税额 = 销项税额 - 进项税额$$

小规模纳税人适用简易计税方法计税,并且不得抵扣进项税额。应纳税额计算公式:

应纳税额＝不含税销售额×征收率

增值税法中设置了多档税率。其中13%、9%、6%和零税率，一般适用于一般规模纳税人；小规模纳税人一般适用增值税征收率为3%①。增值税税率及适用范围，如表3-1所示。

表3-1 增值税税率及适用范围

增值税税率	适用范围	纳税人
13%	销售或者进口货物，销售加工、修理修配服务和有形动产租赁服务	一般规模纳税人
9%	销售交通运输、邮政、基础电信、建筑、不动产租赁服务，转让土地使用权及销售不动产 销售或者进口农产品、食用植物油、食用盐，自来水、暖气、冷气、热水、煤气、石油液化气、天然气、二甲醚、沼气、居民用煤炭制品，图书、报纸、杂志、音像制品、电子出版物，饲料、化肥、农药、农机、农膜	一般规模纳税人
6%	销售增值电信服务、金融服务、现代服务（租赁服务除外），金融商品、生活服务及转让土地使用权以外的其他无形资产	一般规模纳税人
零税率	境内的单位和个人提供的国际运输服务、向境外单位提供的研发服务和设计服务	一般规模纳税人
3%	小规模纳税人销售货物，加工、修理修配服务和销售应税服务、无形资产，适用法定征收率为3%	小规模纳税人

案例 3-1

一般规模纳税人应交增值税的计算

小王和同学一起创办的校园超市为增值税一般规模纳税人，假设2022年2月，进货1套单人床床上用品时，收到增值税专用发票注明价格为123.9元，进项税额16.10元；销售时，开出增值税专用发票注明售价200元，销项税额为26元。

要求：计算销售该套床上用品增值税的应纳税额。

【解析】该超市为一般规模纳税人时，取得的增值税专用发票注明的进项税额16.10元可以抵扣。

当期应纳增值税额＝销项税额－进项税额＝26－16.1＝9.9(元)

---

① 根据《国家税务总局关于小规模纳税人免征增值税等征收管理事项的公告》（国税公告[2022]6号）的规定，增值税小规模纳税人适用3%征收率，应税销售收入免征增值税的，应按规定开具免税普通发票。纳税人选择放弃免税并开具增值税专用发票的，应开具征收率为3%的增值税专用发票。

案例 3-2

小规模纳税人应交增值税的计算

如果小刘和同学创办的校园超市为增值税小规模纳税人,每个月的销售额都超过15万元。2022年4月,进货和销售时,床单均使用增值税专用发票,销售价格为3.09万元。

要求:计算该业务的增值税应纳税额。

【解析】小刘和同学创办的是小规模纳税企业,进货过程中取得的发票无论是否使用增值税专用发票,进项税额均不能抵扣,该套床上用品的进货成本包含增值税。

小规模纳税企业适用简易征收办法,按征收率3%计算企业应缴纳的增值税:

床上用品的不含税销售额=含税销售额÷(1+征收率)=3.09÷(1+3%)=3(万元)
应纳增值税额=不含税销售额×征收率=3×3%=0.09(万元)

2. 消费税

消费税是以特定消费品和特定消费行为为征税对象所征收的一种税。消费税是对增值税的有益补充,即在对商品征收增值税的基础上,有选择地对15个税目征收消费税。消费税征税范围有较强的选择性,税法旨在通过税收政策引导消费行为、调节消费结构,进而促进产业转型升级。消费税的税目提示人们要理性消费,自觉减少影响人类健康及生态环境的商品、奢侈品、不可再生资源、高污染高能耗产品等的消费。消费税税率和税目,如表3-2所示。

表 3-2 消费税税率和税目表

税 目			税 率
一、烟	1. 卷烟	(1)甲类卷烟,调拨价70元(含70元,不含增值税)/条以上	56%加0.003元/支
		(2)乙类卷烟,调拨价70元(不含增值税)/条以下	36%加0.003元/支
		(3)甲类卷烟和乙类卷烟(批发环节)	11%加0.005元/支
	2. 雪茄烟		36%
	3. 烟丝		30%
二、酒	1. 白酒		20%加 0.5元/500克(毫升)
	2. 黄酒		240元/吨
	3. 啤酒	(1)甲类啤酒	250元/吨
		(2)乙类啤酒	220元/吨
	4. 其他酒		10%
三、高档化妆品			15%

(续表)

税　目		税　率
四、贵重首饰及珠宝宝石	1. 金银首饰、铂金首饰和钻石及钻石饰品	5%（零售环节）
	2. 其他贵重首饰和珠宝玉石	10%
五、鞭炮、焰火		15%
六、成品油	1. 汽油	1.52元/升
	2. 柴油	1.20元/升
	3. 航空煤油（暂缓征收）	1.20元/升
	4. 石脑油	1.52元/升
	5. 溶剂油	1.52元/升
	6. 润滑油	1.52元/升
	7. 燃料油	1.20元/升
七、摩托车	1. 气缸容量250毫升（含250毫升）以下的摩托车	3%
	2. 气缸容量250毫升以上的摩托车（零售环节）	10%
八、小汽车	1. 乘用车 (1) 气缸容量在1.0升（含1.0升）以下的乘用车	1%
	(2) 气缸容量在1.0升以上至1.5升（含1.5升）的乘用车	3%
	(3) 气缸容量在1.5升以上至2.0升（含2.0升）的乘用车	5%
	(4) 气缸容量在2.0升以上至2.5升（含2.5升）的乘用车	9%
	(5) 气缸容量在2.5升以上至3.0升（含3.0升）的乘用车	12%
	(6) 气缸容量在3.0升以上至4.0升（含4.0升）的乘用车	25%
	(7) 气缸容量在4.0升以上的乘用车	40%
	2. 中轻型商用客车	5%
	3. 超豪华小汽车	10%（零售环节），生产环节同乘用车和中轻型商用客车
九、高尔夫球及球具		10%
十、高档手表		20%
十一、游艇		10%
十二、木制一次性筷子		5%
十三、实木地板		5%
十四、电池		4%
十五、涂料		4%

注：表中征税环节如无特殊说明，均为生产环节。

在中华人民共和国境内生产、委托加工和进口应税消费品的单位和个人为消费税纳税人。此外,对消费税纳税人有一些特殊规定。例如,对于委托加工的应税消费品,除受托方为个人外,由受托方向委托方交货时代收代缴税款;对于进口的应税消费品,以进口人或其代理人为纳税人。

按照现行消费税法的基本规定,消费税应纳税额的计算分为从价计征、从量计征和从价从量复合计征三种方法。应纳税额计算公式:

从价计征办法计算的应纳税额＝应税消费品的销售额×比例税率
从量计征办法计算的应纳税额＝应税消费品的销售数量×定额税率
从价从量复合计征办法计算的应纳税额＝销售额×比例税率＋销售数量×定额税率

应交消费税的计算

甲公司为增值税一般纳税人,2022年3月的销售额中,销售粮食类白酒500千克,取得含税销售收入226 000元,粮食类白酒的消费税定额税率为0.5元/500克,比例税率为20%。

要求:计算甲公司2022年3月销售粮食类白酒应纳的消费税。

【解析】应纳消费税额＝226 000÷(1＋13%)×20%＋500×2×0.5÷10 000＝4.05(万元)

3. 关税

关税是指国家授权海关对进出我国关境的货物或物品按照其完税价格征收的一种税。这里的货物是贸易性商品;物品包括入境旅客随身携带的、个人邮递的以及用其他方式进口的个人自用物品。关税以进口货物的收货人、出口货物的发货人、进境物品的所有人为纳税人。除关税优惠政策规定外,我国对大部分进口货物征收关税;对出口货物一般不征收关税,仅对限制和调控的出口商品征收关税。关税政策的制定不仅要尊重本国的实际情况,而且还要兼顾世界各国的利益,尊重国际条约和国际惯例。我们要树立人类命运共同体意识,争取合作共赢。

关税的征税基础是关税完税价格。进口货物以海关审定的成交价值为基础的到岸价格为关税完税价格;出口货物以该货物销售与境外的离岸价格减去出口税后,经过海关审查确定的价格为完税价格。关税为价内税,关税应税额的计算公式为:

应纳税额＝关税完税价格×适用税率

应交关税的计算

小王和同学一起创办的外贸公司于2022年5月3日从境外进口一批货物,经海关核定关税完税价格为54 000元,进口关税税率为25%,消费税税率为15%。

> 要求：计算应纳关税的金额。
> 【解析】应纳关税额＝关税完税价格×适用税率＝54 000×25％＝13 500(元)

4. 烟叶税

烟叶税是指以纳税人收购烟叶的收购金额为计税依据征收的一种税。烟叶税的纳税人为在我国境内收购烟叶的单位。烟叶税的征税范围包括晾晒烟叶和烤烟叶。烟叶税按照20％的比例税率征收，其计税依据是纳税人收购烟叶实际支付的价款总额，具体包括纳税人支付给烟叶销售者的烟叶收购价款和价外补贴。价外补贴统一按烟叶收购价款的10％计算。烟叶税应纳税额的计算公式：

$$应纳烟叶税额＝烟叶收购价款×(1+10\%)×20\%$$

(二) 所得税

所得税是指以单位和个人获取各种所得额或利润额为征税对象的税，主要包括企业所得税和个人所得税两个税种。该类税可直接调节纳税人的收入水平，发挥税收税负公平和调整分配关系的作用。所得税法为世界各国所普遍运用，尤其在市场经济发达和经济管理水平较高的国家更受重视。

1. 企业所得税

企业所得税是指对企业和其他取得收入的组织的生产经营所得和其他所得征收的一种税。按照"登记注册地"和"实际管理机构"的双重标准，我国将企业所得税纳税人分为居民企业和非居民企业。

企业所得税的征税对象是企业取得的生产经营所得、其他所得和清算所得，包括销售货物所得；提供劳务所得；转让财产所得；股息红利等权益性投资所得；利息所得、租金所得、特许权使用费所得和其他所得。企业所得税的计税依据为企业应纳税所得额，在计算应纳税所得额时，企业财务、会计处理办法与《企业所得税法》的规定不一致的，应当依照《企业所得税法》的规定计算纳税。应纳税所得额的计算公式如下：

$$应纳税所得额＝收入总额－不征税收入－免税收入－各项扣除－\\允许弥补的以前年度亏损$$

不征税收入是国家明确的不予征税的收入，不属于税收优惠，一般不需办理申请手续，包括：①财政拨款；②依法收取并纳入财政管理的行政事业性收费、政府性基金；③国务院规定的其他不征税收入。

免税收入是指属于企业的应税所得，但是按照税法规定免予征收企业所得税的收入。免税收入属于税收优惠，一般是国家为了鼓励某个领域、某个行业（企业）给予的优惠政策，通常实行备案制。免税收入期限一般较长或无期限，免税内容具有较强的稳定性和政策导向性，主要包括：①国债利息收入；②符合条件的居民企业之间的股息、红利等权益性投资收益；③在中国境内设立机构、场所的非居民企业从居民企业取得的与机构、场所有实际联系的股息、红利等权益性投资收益;④符合条件的非营利组织的收入。

企业所得税税率,如表3-3所示。

表3-3 企业所得税税率表

税率类型	税率	适用范围
基本税率	25%	适用于居民企业
		中国境内设有机构、场所且所得与机构、场所有关联的非居民企业
低税率	20%（目前减按10%）	非居民企业在中国境内未设立机构、场所的,或者虽设立机构、场所,但取得的所得与其所设机构、场所没有实际联系
优惠税率	15%	1. 设在西部地区的鼓励类产业企业 2. 国家重点扶持的高新技术企业 3. 经认定的技术先进型服务企业
	2.5%或5%	符合条件的小型微利企业

居民企业应交企业所得税的计算

成和公司为居民企业,企业所得税税率为25%,2021年全年发生的经营业务如下:取得产品销售收入6 000万元,发生销售成本4 600万元,销售费用700万元,管理费用480万元,财务费用40万元,税金及附加50万元。假设上述业务的处理均符合税法规定。

要求:计算成和公司2021年度的应纳企业所得税。

【解析】应纳税所得额=6 000−4 600−700−480−40−50=130(万元)

应纳企业所得税额=130×25%=32.5(万元)

2. 个人所得税

个人所得税是对个人取得应税所得为征税对象的一种税。个人所得税的纳税人,可以泛指取得所得的自然人,包括中国公民、个体工商户、个人独资企业、合伙企业者,以及在中国境内有所得的外籍个人(含无国籍个人),以及中国香港、澳门、台湾同胞。依据住所和居住时间两个标准,将纳税人可分为居民个人和非居民个人,分别承担不同的纳税义务。

向个人支付所得的单位或者个人为个人所得税的扣缴义务人。难以确定扣缴义务人的,凡税务机关认定对所得的支付对象和支付数额有决定权的单位和个人,为扣缴义务人。个人所得税的征税范围包括:工资薪金所得;劳务报酬所得;稿酬所得;特许权使用费所得;特许权使用费所得;经营所得;利息、股息、红利所得;财产租赁所得;财产转让所得;偶然所得共9项所得。其中,居民个人取得前4项所得称为综合所得,需要按年度合并汇算个人所得税。非居民个人取得前四项所得,按月或按次分项计算个人所得税。纳税人取得后5项所得,按年或按次分项计算个人所得税。计算个人所得税,需要按照不同应税所得项目分别计算应纳税所得额。某项应税项目的收入额减去税法规定的该项费用减除标准后的余额,为该项所得的应纳税所得额。

个人所得税分别按不同个人所得项目,规定了超额累进税率和比例税率两种形式。具体而言,居民个人所得税税率包括综合所得适用税率、经营所得适用税率、工资薪金所得预扣预缴税率、劳务报酬所得预扣预缴税率和其他项目所得适用税率。居民个人综合所得适用税率和经营所得适用税率,分别如表3-4和表3-5所示。非居民个人所得适用非居民个人工资薪金所得等税率表。

1) 居民个人综合所得适用税率

居民个人每个纳税年度的综合所得,包括工资薪金所得,劳务报酬所得,稿酬所得和特许权使用费所得,适用3%～45%七级超额累进税率,如表3-4所示。

表3-4 个人所得税税率表(居民个人综合所得适用)

级数	全年应纳税所得额	税率	速算扣除数(元)
1	不超过36 000元的	3%	0
2	超过36 000元至144 000元的部分	10%	2 520
3	超过144 000元至300 000元的部分	20%	16 920
4	超过300 000元至420 000元的部分	25%	31 920
5	超过420 000元至660 000元的部分	30%	52 920
6	超过660 000元至960 000元的部分	35%	85 920
7	超过960 000元的部分	45%	181 920

2) 经营所得适用税率

经营所得包括个体工商户生产、经营所得,对企事业单位承包、承租经营所得,个人独资企业和合伙企业生产经营所得,适用5%～35%的五级超额累进税率,如表3-5所示。

表3-5 年度经营所得个人所得税税率表(经营所得适用)

级数	全年应纳税所得额	税率	速算扣除数(元)
1	不超过30 000元的	5%	0
2	超过30 000元至90 000元的部分	10%	1 500
3	超过90 000元至300 000元的部分	20%	10 500
4	超过300 000元至500 000元的部分	30%	40 500
5	超过500 000元的部分	35%	65 500

3) 其他项目所得适用税率

利息、股息、红利所得，财产租赁所得，财产转让所得以及偶然所得适用20%的比例税率。居民个人分月或分次取得工资薪金所得、劳务报酬所得、稿酬所得、特许权使用费所得时，支付单位预扣预缴个人所得税的预扣率分别为：工资薪金所得适用3%～45%的七级累进税率，劳务报酬适用20%～40%的三级超额累进税率，稿酬所得和特许权使用费所得适用20%的比例预扣率。为了有效调控居民收入分配，我国的个人所得税制度对有关项目作了减征的规定。稿酬所得额减按70%计算。对个人出租住房取得的所得暂或按10%的税率征收个人所得税。

4) 个人综合所得扣除项目

居民个人的综合所得，以每个纳税年度的收入额减除免征额6万元以及专项扣除、专项附加扣除和依法确定的其他扣除后的余额，为应纳税所得额。个人所得税中免征额的多次调整以及专项附加扣除的做法，体现了国家改善民生的决心。居民个人的综合所得扣除项目具体如表3-6所示。个人所得税专项附加扣除在纳税人本年度综合所得额中扣除，年度扣除不完的，不得结转以后年度扣除。

表3-6 个人综合所得扣除项目表

项目	主要规定
减除费用	60 000元/年
专项扣除	包括居民个人按照国家规定的范围和标准缴纳的基本养老保险、基本医疗保险和失业保险等（基本）社会保险费和住房公积金等
专项附加扣除	子女教育专项附加扣除
	继续教育专项附加扣除
	大病医疗专项附加扣除
	住房贷款利息专项附加扣除
	住房租金专项附加扣除
	赡养老人专项附加扣除
	婴幼儿照护专项附加扣除

案例3-6

预扣预缴个人所得税的计算

假定某居民个人2022年1～4月每月应发工资均为18 000元，每月减除费用5 000元，"三险一金"等专项扣除为2 000元，从2022年1月起享受子女教育专项附加扣除1 000元，没有其他减免收入及减免税额等情况。

要求：计算1～4月应预扣预缴的个人所得税额。

> 【解析】1月份工资薪金所得应预扣预缴的个人所得税额＝(18 000－5 000－2 000－1 000)×3%＝300(元)
>
> 2月份工资、薪金所得应预扣预缴的个人所得税额＝(18 000×2－5 000×2－2 000×2－1 000×2)×3%－300＝300(元)
>
> 3月份工资、薪金所得应预扣预缴的个人所得税额＝(18 000×3－5 000×3－2 000×3－1 000×3)×3%－(300＋300)＝300(元)
>
> 4月份工资、薪金所得应预扣预缴的个人所得税额＝(18 000×4－5 000×4－2 000×4－1 000×4)×10%－2 520－(300＋300＋300)＝580(元)

为了发挥个人所得税调节收入分配功能,减轻税负,促进公平,我国对个人所得税政策进行了几次比较重大的修改。2019年1月1日以来实施的个人所得税法,对保障和改善民生、实现社会公平正义具有重要意义。

(三) 资源税

资源税是指对纳税人开发和利用各种应税自然资源为征税对象的税,包括资源税、城镇土地使用税、土地增值税和耕地占用税共四个税种,其中耕地占用税具有资源税类和行为目的税类的双重性质。该类税主要是对开发和利用自然资源而形成的级差收入发挥调节作用,可以避免资源浪费,保护和合理使用国家自然资源。

1. 资源税

资源税是指以各种应税自然资源为课税对象、为了调节资源级差收入并体现国有资源有偿使用而征收的一种税。在中华人民共和国领域和中华人民共和国管辖的其他海域开发应税资源的单位和个人,为资源税的纳税人。资源税实行从价计征或者从量计征。资源税税目税率,如表3-7所示。

表3-7 资源税税目税率表

	税 目	征税对象	税率
能源矿产	原油	原矿	6%
	天然气、页岩气、天然气水合物	原矿	6%
	煤	原矿或者选矿	2%～10%
	煤成(层)气	原矿	1%～2%
	铀、钍	原矿	4%
	油页岩、油砂、天然沥青、石煤	原矿或者选矿	1%～4%
	地热	原矿	1%～20%或1～30元/立方米

(续表)

税目			征税对象	税率
金属矿产	黑色金属	铁、锰、铬、钒、钛	原矿或者选矿	1%~9%
	有色金属	铜、铅、锌、锡、镍、锑、镁、钴、铋、汞	原矿或者选矿	2%~10%
		铝土矿	原矿或者选矿	2%~9%
		钨	选矿	6.5%
		钼	选矿	8%
		金、银	原矿或者选矿	2%~6%
		铂、钯、钌、锇、铱、铑	原矿或者选矿	5%~10%
		轻稀土	选矿	7%~12%
		中重稀土	选矿	20%
		铍、锂、锆、锶、铷、铯、铌、钽、锗、镓、铟、铊、铪、铼、镉、硒、碲	原矿或者选矿	2%~10%
非金属矿产	矿物类	高岭土	原矿或者选矿	1%~6%
		石灰岩	原矿或者选矿	1%~6%或1~10元/立方米
		磷	原矿或者选矿	3%~8%
		石墨	原矿或者选矿	3%~12%
		萤石、硫铁矿、自然硫	原矿或者选矿	1%~8%
		天然石英砂、脉石英、粉石英、水晶、工业用金刚石、冰洲石、蓝晶石、硅线石(砂线石)、长石、滑石、刚玉、菱镁矿、颜料矿物、天然碱、芒硝、钠硝石、明矾石、砷、硼、碘、溴、膨润土、硅藻土、陶瓷土、铁矾土、凹凸棒石粘土、海泡石粘土、伊利石粘土、累托石粘土	原矿或者选矿	1%~12%
		叶蜡石、硅灰石、透辉石、珍珠岩、云母、沸石、重晶石、毒重石、方解石、蛭石、透闪石、工业用电气石、白垩、石棉、蓝石棉、红柱石、石榴子石、石膏	原矿或者选矿	2%~12%
		其他粘土(铸型用粘土、砖瓦用粘土、陶粒用粘土、水泥配料用粘土、水泥配料用红土、水泥配料用黄土、水泥配料用泥岩、保温材料用粘土)	原矿或者选矿	1%~5%或0.1~5元/立方米

(续表)

税目		征税对象	税率
岩石类	大理岩、花岗岩、白云岩、石英岩、砂岩、辉绿岩、安山岩、闪长岩、板岩、玄武岩、片麻岩、角闪岩、页岩、浮石、凝灰岩、黑曜岩、霞石正长岩、蛇纹岩、麦饭石、泥灰岩、含钾岩石、含钾砂页岩、天然油石、橄榄岩、松脂岩、粗面岩、辉长岩、辉石岩、正长岩、火山灰、火山渣、泥炭	原矿或者选矿	1%～10%
	砂石	原矿或者选矿	1%～5%或0.1～5元/立方米
宝玉石类	宝石、玉石、宝石级金刚石、玛瑙、黄玉、碧玺	原矿或者选矿	4%～20%
水气矿产	二氧化碳气、硫化氢气、氦气、氡气	原矿	2%～5%
	矿泉水	原矿	1%～20%或1～30元/立方米
盐	钠盐、钾盐、镁盐、锂盐	选矿	3%～15%
	天然卤水	原矿	3%～15%或1～10元/立方米
	海盐		2%～5%

2. 城镇土地使用税

城镇土地使用税是指国家在城市、县城、建制镇、工矿区范围内，对使用土地的单位和个人，以其实际占用的土地面积为计税依据，按照规定的税额计算征收的一种税。拥有土地使用权的单位和个人是纳税人。城镇土地使用税采用定额税率，即采用有幅度的差别税额。城镇土地使用税每平方米年额标准具体包括：①大城市1.5～30元；②中等城市1.2～24元；③小城市0.9～18元；④县城、建制镇、工矿区0.6～12元。应纳税额的计算公式：

应纳税额＝实际占用的土地面积×适用税额

3. 土地增值税

土地增值税是指转让国有土地使用权、地上的建筑物及其附着物并取得增值额应向国家缴纳的一种税，不包括以继承、赠予方式无偿转让房地产的行为。纳税人为转让国有土地使用权及地上建筑物和其他附着物产权，并取得收入的单位和个人。土地价格增值额是指转让房地产取得的收入减除规定的房地产开发成本、费用等支出后的余额。土地增值税实质上就是反房地产暴利税，当前中国的土地增值税实行四级超率累进税率，对土地增值率高的多征，增值率低的少征，无增值的不征，如增值额大于50%未超过100%的部分，税率为40%，速算扣除系数为5%；增值额超过200%的部分，则要按60%的税率和速算扣除系数为35%进行征税。

(四)财产税

财产税是指对纳税人财产的价值或数量为征税对象的税,包括房产税、车船税和契税共三个税种。该类税是通过课征财产富有者来平均社会财富、课征财产闲置者来促进财产合理使用为根本目的,同时为增加国家财政收入的需要而制定。

1. 房产税

房产税是指对经营性房产进行征收的一种税,是各国政府广为开征的古老的税种。房产税属于财产税中的个别财产税,其征税对象只是房屋;征收范围限于城镇的经营性房屋;区别房屋的经营使用方式规定征税办法,对于自用的按房产计税余值征收,对于出租房屋按租金收入征税。房产计税余值是指依照税法规定,按房产原值一次减除10%~30%的损耗价值以后的余额。房产税税率采用比例税率,按照房产余值计征的,年税率为1.2%;按房产租金收入计征的,年税率为12%。

房产税应纳税额的计算分为以下两种情况,其计算公式为:

(1) 以房产余值为计税依据。

$$应纳税额 = 房产余值 \times 税率(1.2\%)$$

(2) 以房产租金收入为计税依据。

$$应纳税额 = 房产租金收入 \times 税率(12\%)$$

案例 3-7

房产税的计算

海明公司的办公大楼原值5 000万元,当地规定的房产原值减除比例为20%。要求:计算海明公司本年办公大楼的应纳房产税。

【解析】应纳房产税额=5 000×(1-20%)×1.2%=48(万元)

2. 车船税

车船税是指在中华人民共和国境内的车辆、船舶的所有人或者管理人按照中华人民共和国车船税法应缴纳的一种税。此处的车船,是指依法应当在车船管理部门登记的车辆和船舶。

车船税实行定额税率,即对征税的车船规定单位固定税额,计算简便。车辆的具体适用税额由省、自治区、直辖市人民政府按照车船税法所附《车船税税目税额表》规定的税额幅度和国务院的规定确定。船舶的具体适用税额由国务院在车船税法所附《车船税税目税额表》规定的税额幅度内确定。以江苏省车辆车船税税目税额为例,其标准如表3-8所示。

表 3-8 江苏省车船税税目税额表

税目			计税单位	年税额标准	备注
乘用车〔按发动机汽缸容量（排气量）分档〕	1.0升(含)以下的		每辆	120元	核定载客人数9人(含)以下
	1.0升以上至1.6升(含)的 300元			300元	
	1.6升以上至2.0升(含)的 360元			360元	
	2.0升以上至2.5升(含)的 660元			660元	
	2.5升以上至3.0升(含)的 1 200元			1 200元	
	3.0升以上至4.0升(含)的 2 400元			2 400元	
	4.0升以上的			3 600元	
商用车	客车	中型		480元	核定载客人数9～20人，包括电车
		大型		540元	核定载客人数20人(含)以上，包括电车
	货车		整备质量每吨	60元	包括半挂牵引车、三轮汽车和低速载货汽车等
挂车				30元	
其他车辆	专用作业车			60元	不包括拖拉机
	轮式专用机械车			60元	
摩托车			每辆	60元	
船舶	机动船舶	净吨位不超过200吨	每吨	3元	拖船、非机动驳船按照机动船舶税额的50%计算。
		净吨位超过200吨，但不超过2 000吨		4元	
		净吨位超过2 000吨，但不超过10 000吨		5元	
		净吨位超过10 000吨		6元	
	游艇	艇身长度不超过10米	每米	600元	
		艇身长度超过10米，但不超过18米		900元	
		艇身长度超过18米，但不超过30米		1 300元	
		艇身长度超过30米		2 000元	
		辅助动力帆艇		600元	

3. 契税

契税是指土地、房屋等不动产的所有权发生转移变动时征收的一种财产税。契税是以所有权发生转移变动的不动产为征税对象，以在中国境内转移土地和房屋权属的承受单位和个人为契税的纳税人，契税税率为幅度税率，即3%～5%。契税的具体适用税率，由省、自治区、直辖市人民政府在该幅度内提出，报本级人民代表大会常务委员会决定，并报全国人民代表大会常务委员会、国务院备案。契税的应纳税额，按照计税依据乘以具体适用税率计算。

4. 耕地占用税

耕地是指用于种植农作物的土地。耕地占用税是对占用耕地建设建筑物、构筑物或从事其他非农业建设的单位和个人征收的税,目的是合理利用土地资源,加强土地管理,保护农用耕地。耕地占用税采用定额税率,以纳税人实际占用的耕地面积为计税依据,按照规定的适用税额一次性征收,应纳税额为纳税人实际占用的耕地面积(平方米)乘以适用税额。耕地占用税计算公式为:

$$应纳税额 = 应税土地面积 \times 当地适用税额。$$

各地区耕地占用税的适用税额,由省、自治区、直辖市人民政府根据人均耕地面积和经济发展等情况,在表3-9规定的税额幅度内提出,报同级人民代表大会常务委员会决定,并报全国人民代表大会常务委员会和国务院备案。各省、自治区、直辖市耕地占用税适用税额的平均水平,不得低于《中华人民共和国耕地占用税法》所附《各省、自治区、直辖市耕地占用税平均税额表》规定的平均税额。

表3-9 各省、自治区、直辖市耕地占用税平均税额表

省、自治区、直辖市	平均税额(元/平方米)
上海	45
北京	40
天津	35
江苏、浙江、福建、广东	30
辽宁、湖北、湖南	25
河北、安徽、江西、山东、河南、重庆、四川	22.5
广西、海南、贵州、云南、陕西	20
山西、吉林、黑龙江	17.5
内蒙古、西藏、甘肃、青海、宁夏、新疆	12.5

(五)行为目的税

行为目的税是对某些特定行为及为实现国家特定政策目的而征收的税,包括印花税、城市维护建设税、环境保护税、船舶吨税和车辆购置税五个税种。该类税主要是为达到特定的目的,对特定对象和特定行为发挥调节作用,可选择面较大,设置和废止相对灵活,可以因时因地制定具体征管办法,有利于国家限制和引导某些特定行为,而达到预期的目的。

1. 印花税

印花税是指对经济活动和经济交往中设立、领受具有法律效力的凭证的行为所征收的一种税。印花税因采用在应税凭证上粘贴印花税票作为完税的标志而得名。印花税的纳税人包括在中国境内设立、领受规定的经济凭证的企业或个人。2022年7月1日起施

行《印花税法》。

现行印花税采用比例税率和定额税率两种税率。印花税的比例税率分为4档,即1‰、0.5‰、0.3‰和0.05‰。按比例税率征收的应税项目包括各种合同及具有合同性质的凭证、记载资金的账簿和产权转移书据等。其具体规定包括:

(1) 财产租赁合同、仓储保管合同和财产保险合同的税率为1‰。

(2) 加工承揽合同、建设工程勘察设计合同、运输合同和产权转移书据的税率为0.5‰。营业账簿中记载资金的账簿按照0.5‰税率减半征收。

(3) 买卖合同、建筑安装工程承包合同和技术合同的规定税率为0.3‰。

(4) 借款合同的税率为0.05‰。

(5) 自2008年9月19日起,证券交易印花税实行单边收取。在上海证券交易所、深圳证券交易所、全国中小企业股份转让系统买卖、继承、赠与优先股所书立的股权转让书据,均依书立时实际成交金额,由出让方按1‰的税率计算缴纳证券(股票)交易印花税。香港市场投资者通过沪港通买卖、继承、赠与上交所上市A股,按照内地现行税制规定缴纳证券(股票)交易印花税。内地投资者通过沪港通买卖、继承、赠与联交所上市股票,按照香港特别行政区现行税法规定缴纳印花税。权利、许可证照和营业账簿中的其他账簿适用定额税率,采取按件规定单位税额均为每件5元。

印花税的计算

明阳公司预计于2022年10月成立,建立资金账簿1本,登记实收资本300万元,预计成立当月,与乙公司签订商品销售合同,合同列明不含增值税价款30万元,增值税额为3.9万元。

要求:计算公司应纳印花税。

【解析】应纳印花税额＝300×0.5‰×50%＋30×0.3‰＝0.084(万元)

2. 城市维护建设税

城市维护建设税简称城建税,是指以纳税人实际缴纳的增值税、消费税额为计税依据依法计征的一种税。城市维护建设税与其他税种不同,没有独立的征税对象或税基,而是以增值税、消费税"二税"实际缴纳的税额之和为计税依据,随"二税"同时附征,本质上属于一种附加税。城市维护建设税的纳税义务发生时间与增值税、消费税的纳税义务发生时间一致,分别与增值税、消费税同时缴纳。应纳城市维护建设税的计算公式:

应纳税额＝(实纳增值税额＋实纳消费税额)×适用税率

城市维护建设税实行地区差别比例税率,按纳税人所在地分别规定为市区7%,县城、镇5%,不在市区、县城或者镇的1%。纳税人所在地是指纳税人住所地或者与纳税人生产经营活动相关的其他地点,具体地点由省、自治区、直辖市确定。

3. 环境保护税

环境保护税是指以在中华人民共和国领域和中华人民共和国管辖的其他海域,直接向环境排放应税污染物的企业事业单位和其他生产经营者征收的一种税。环境保护税的主要目的不是取得财政收入,而是发挥税收杠杆的绿色调节作用。它主要是针对污染破坏环境的特定行为征税,使排污单位承担必要的污染治理与环境损害修复成本,引导排污单位减少污染物排放,保护和改善环境,推进生态文明建设。

应税污染物分为大气污染物、水污染物、固体废物和噪声四大类,根据排放的应税污染物,实行从量定额征收。环境保护税的税目、税额,依照表3-10执行。应税大气污染物和水污染物的具体适用税额的确定和调整,由省、自治区、直辖市人民政府统筹考虑本地区环境承载能力、污染物排放现状和经济社会生态发展目标要求,在《环境保护税税目税额表》规定的税额幅度内提出,报同级人民代表大会常务委员会决定,并报全国人民代表大会常务委员会和国务院备案。应税大气污染物、水污染物的污染当量数,以该污染物的排放量除以该污染物的污染当量值计算。

表3-10 环境保护税税目税额表

税目		计税单位	税额	备注
大气污染物		每污染当量	1.2元至12元	
水污染物		每污染当量	1.4元至14元	
固体废物	煤矸石	每吨	5元	
	尾矿	每吨	15元	
	危险废物	每吨	1 000元	
	冶炼渣、粉煤灰、炉渣、其他固体废物(含半固态、液态废物)	每吨	25元	
噪声	工业噪声	超标1~3分贝	每月350元	1. 一个单位边界上有多处噪声超标,根据最高一处超标声级计算应纳税额;当沿边界长度超过100米有两处以上噪声超标,按照两个单位计算应纳税额 2. 一个单位有不同地点作业场所的,应当分别计算应纳税额,合并计征 3. 昼、夜均超标的环境噪声,昼、夜分别计算应纳税额,累计计征 4. 声源1个月内超标不足15天的,减半计算应纳税额 5. 夜间频繁突发和夜间偶然突发厂界超标噪声,按等效声级和峰值噪声两种指标中超标分贝值高的一项计算应纳税额
		超标4~6分贝	每月700元	
		超标7~9分贝	每月1 400元	
		超标10~12分贝	每月2 800元	
		超标13~15分贝	每月5 600元	
		超标16分贝以上	每月11 200元	

车船税、环保税、烟叶税、耕地占用税和资源税五大资源和环境类税种已全部完成立法,通过税收立法对资源利用行为进行引导,从税收立法层面有力推动生态文明建设,有助于推动实现资源的优化配置,在环境保护和污染防治领域发挥作用,赋能经济高质量发展。

4. 船舶吨税

船舶吨税是指海关对自境外港口进入境内港口的船舶按船舶净吨位征收的一种税。船舶吨税纳税人为拥有或租有进出中国港口的国际航行船舶的单位和个人,其征税对象是行驶于中国港口的中外船舶,船舶吨税按照船舶净吨位和船舶吨税执照期限征收。船舶吨税按船舶净吨位大小分等级设置单位税额,实行从量定额征收。其计算公式为:

$$应纳税额＝船舶净吨位 \times 适用税率$$

船舶吨税由海关负责征收。应税船舶负责人缴纳吨税或者提供担保后,海关按照其申领的执照期限填发吨税执照。

5. 车辆购置税

车辆购置税是指对中华人民共和国境内购置应税车辆的单位和个人征收的一种税。车辆购置税专用于国道、省道干线公路建设和支持地方道路建设。纳税人在中华人民共和国境内购置汽车、有轨电车、汽车挂车、排气量超过150毫升的摩托车均需缴纳车辆购置税。车辆购置税的应纳税额按照应税车辆的计税价格乘以税率计算。其计算公式为:

$$应纳税额＝计税价格 \times 10\%$$

三、创业企业可能涉及的非税财政收入事项

按国务院有关规定,现行由税务机关组织征收的非税财政收入包括教育费附加、文化事业建设费和社会保险费。它们虽称为费,但也具备税收性质。

(一)教育费附加

教育费附加是指对缴纳增值税、消费税的单位和个人,就其实际缴纳的税额为计算依据征收的一种附加费。

1. 教育费附加的基本制度

1)教育费附加的计征办法

教育费附加对缴纳增值税和消费税的单位和个人征收,以其实际缴纳的增值税和消费税为计征依据,分别与增值税、消费税同时缴纳。

2)教育费附加的计征比率

教育费附加包括教育费附加和地方教育附加。教育费附加征收比率为3%,地方教育附加征收比率确定为2%。

3)教育费附加的减免规定

对由于减免增值税和消费税而发生退税的,可同时退还已征收的教育费附加。但对出口产品退还增值税和消费税的,不退还已征的教育费附加;对"两税"实行先征后返、先

征后退、即征即退办法的,除另有规定外,对随"两税"附征的教育费附加,一律不予退(返)还;对国家重大水利工程建设基金,免征教育费附加。

2. 教育费附加的计算

教育费附加的基本计算公式为:

$$应纳教育费附加额=实纳增值税、消费税税额之和×征收比率(3\%)$$

$$应纳地方教育费附加额=实纳增值税、消费税税额之和×征收比率(2\%)$$

(二) 社会保险费

1. 社会保险费的概念

社会保险费是指国家为了发展社会保险事业而征收的一种专项资金,类似国外的社会保障税。我国的社会保险费是指由用人单位及其职工依法参加社会保险并缴纳的职工基本养老保险费、职工基本医疗保险费(含生育保险费)、工伤保险费和失业保险费。社会保险费收入纳入社会保险基金,分别建立基本养老保险基金、基本医疗保险基金(工伤保险基金)、失业保险基金,单独核算、专款专用,且不得计征任何税费。缴费单位应每年向本单位职工公布本单位全年社会保险费缴纳情况,接受职工监督;社会保险经办机构应定期向社会公告社会保险费征收情况,接受社会监督。

国家建立社会保险制度应坚持广覆盖、保基本、多层次和可持续的原则,社会保险水平应与经济社会发展水平相适应,以保障公民在年老、疾病、工伤、失业和生育等情况下依法从国家和社会获得物质帮助的权利。

2. 社会保险费的征缴范围

社会保险费的征缴范围包括基本养老保险费、基本医疗保险费(含生育保险费)、失业保险费和工伤保险费四个方面。

1) 基本养老保险费

职工应当参加基本养老保险,由用人单位和职工共同缴纳基本养老保险费。无雇工的个体工商户、未在用人单位参加基本养老保险的非全日制从业人员,以及其他灵活就业人员可参加基本养老保险,由个人缴纳基本养老保险费。

2) 基本医疗保险费(含生育保险费)

职工应当参加职工基本医疗保险,由用人单位和职工共同缴纳基本医疗保险费。无雇工的个体工商户、未在用人单位参加职工基本医疗保险的非全日制从业人员,以及其他灵活就业人员可参加职工基本医疗保险,由个人按照国家规定缴纳基本医疗保险费。职工应当参加生育保险,由用人单位按照国家规定缴纳生育保险费,职工不缴纳生育保险费。

3) 失业保险费

职工应当参加失业保险,由用人单位和职工按照国家规定共同缴纳失业保险费。

4) 工伤保险费

职工应当参加工伤保险,由用人单位缴纳工伤保险费,职工不缴纳工伤保险费。

3. 社会保险费的计费依据和费率

社会保险费计费依据和费率的规定包括基本养老保险费的计费依据和费率、基本医疗保险费(含生育保险)的计费依据和费率、失业保险费的计费依据和费率和工伤保险费的计费依据和费率。

1) 基本养老保险费的计费依据和费率

单位缴纳基本养老保险费的费率为其工资总额的20%；职工个人缴纳基本养老保险费的费率为本人缴费工资的8%。城镇个体工商户和灵活就业人员参加基本养老保险的缴费基数为当地上年度在岗职工平均工资，费率为20%。各地方可根据实际情况增设缴费档次。参保人自主选择档次缴费，多缴多得。

2) 基本医疗保险费（含生育保险）的计费依据和费率

职工基本医疗保险保险费由用人单位和职工共同缴纳。用人单位缴费比例为在职职工工资总额的6%；职工个人缴纳的费率为本人缴费工资的2%。随着经济的发展，用人单位和职工缴费比例可作相应调整。生育保险费的缴纳比例由当地政府根据计划生育人数、生育津贴和生育医疗费用确定，最高不得超过工资总额的1%。各地实际缴纳费率一般为0.6%~0.8%。生育保险费由单位缴纳，个人不用缴纳。

3) 失业保险费的计费依据和费率

单位缴纳失业保险费的费率为职工工资总额的2%；职工个人缴纳的费率为本人缴费工资的1%。经过国务院批准，各省级人民政府可根据当地的具体情况适当调整本行政区域的费率。

4) 工伤保险费的计费依据和费率

各地工伤保险费平均缴费率原则上应控制在职工工资总额的1%左右，其中风险较小的行业、中等风险行业和风险较大的行业的基准费率，应分别控制在用人单位职工工资总额的0.5%左右、1%左右和2%左右。基准费率的具体标准可以定期调整。工伤保险费由单位缴纳，个人不用缴纳。

5) 住房公积金计费依据和费率

俗称的"五险一金"不仅包括上述的保险费，还包括"住房公积金"。住房公积金缴费率一般不低于职工上一年度月平均工资的5%，缴存比例最高不超过12%，由单位和个人各按50%的比例缴纳。

4. 社会保险费的征收管理

社会保险费实行集中、统一征收与缴纳，不得减征、免征。由税务机关或劳动保障行政部门按照规定设立的社会保险经办机构征收。缴费单位和缴费个人应当及时、足额缴纳社会保险费。

应当缴纳社会保险费的单位，必须向当地社会保险经办机构办理社会保险登记，参加社会保险；按月向经办机构申报应缴纳的社会保险费数额，经核定后在规定的期限内缴纳；缴费个人应缴纳的社会保险费，由其所在单位从其工资中代扣代缴。

缴费单位不按照规定申报应当缴纳的社会保险费数额的，由经办机构暂按该单位上月缴费数额的110%确定应缴数额；没有上月缴费数额的，暂按该单位的经营状况、职工人数等有关情况确定应缴数额。

缴费单位未按规定缴纳和代扣代缴社会保险费的，由劳动保障行政部门或者税务机关责令限期缴纳；逾期仍不缴纳的，除补缴欠缴数额，从欠缴之日起，按日加收滞纳金。滞纳金并入社会保险基金。

第二节 企业涉及的税收项目

创业者创办企业要缴纳哪些税？回答这个问题，需要根据企业的类型和可能涉及的税收项目并按照企业涉税的收入、行为和财产才能确定税款的缴纳。

一、创业企业的类型

创业企业按照经营内容不同，可分为三种类型，即商业企业、制造业企业和服务业企业。商业企业的经营内容主要是货物商品的流通和销售，通俗而言，这类企业主要买卖商品货物，以赚取进销的差价为主要目的，企业自身并不生产商品。制造业企业的经营内容主要是采购原材料、生产制造商品、营销策划，并最终将生产的商品销售出去，以赚取利润为主要目的。服务业企业的经营以提供各类劳务、住宿、餐饮和其他服务为主。

二、创业企业可能涉及的税收项目

（一）经营内容不同，税收项目相同

各项经营内容都会有货物和劳务的增值额，都会涉及增值税的计算与缴纳；如果是涉及消费税的应税货物，会涉及消费税的计算与缴纳；若企业缴纳了增值税和消费税，还会涉及城市维护建设税、教育费附加的计算与缴纳等；企业要依法履行代扣代缴职工个人所得税的义务；如果年末企业有利润，会涉及企业所得税的计算与缴纳；企业书立经济合同等，要计算缴纳印花税；企业办公需要房屋，要计算缴纳土地使用税和房产税；企业经营若需要购买汽车，要计算缴纳车辆购置税和车船税。只要有与企业形成劳动关系的人员，企业就应当依法及时为其职工缴纳社会保险费，并代扣代缴个人所得税。

无论创业企业是商业企业、制造业企业还是服务业企业，一般而言，缴纳的税费只有6~10种，除去不经常发生且税率较低的小税种后，创业者需要重点关注增值税、企业所得税和个人所得税。这三种税是绝大多数企业都涉及的税种，是名副其实的"大税"。此外，城市维护建设税、教育费附加、地方教育费附加、印花税、土地使用税、房产税、契税、车辆购置税和车船税等"小税种"也较为常见。

需要指出的是，初创企业在经营过程中，如果有进口设备、进口商品或进口材料等业务，还会涉及关税的计算与缴纳。

（二）经营内容相同，税负不同

创业企业虽然经营的行业和产品都相同，但由于某些条件不同，所承担的税负可能有很大的差别。

以校园超市为例，A超市由于规模大，每月或每季需要定额缴纳增值税，B超市规模较小，月销售额没有达到15万元或季销售额没有达到45万元，不需要缴纳增值税。这主

要是因为纳税人的经营规模不同,国家为扶持小微企业发展,国家优惠政策规定,对月销售额没有达到15万元或季销售额没有达到45万元的小规模纳税人免征增值税。

如果将生产型企业设立在西部地区,可以减按15%的税率缴纳企业所得税;若企业设在东部地区,则按25%的税率缴纳企业所得税。这主要是因为国家鼓励西部大开发,设在西部地区的鼓励类的产业可以享受企业所得税优惠。

同样是制造业企业,如果安置建档立卡的贫困人口,以及在人力资源社会保障部门公共就业服务机构登记失业半年以上且持《就业创业证》或《就业失业登记证》(注明"企业吸纳税收政策")的人员,且自2019年1月1日至2023年12月31日,与其签订1年以上期限劳动合同并依法缴纳社会保险费的,自签订劳动合同并缴纳社会保险当月起,在3年内按实际招用人数予以定额依次扣减增值税、城市维护建设税、教育费附加、地方教育附加和企业所得税,定额标准为每人每年6 000元。如果企业没有吸纳上述人员,就不能享受该政策。

现实生活中,成功的创业者所从事的经济活动与税收政策的内核要尽量合拍,把各种类型的税收优惠政策用足用活。在创业之初,创业者需要了解相关税法知识,并把税收作为创业计划书的重要内容之一,助推创业成功。

第三节　企业的税收征收和税款缴纳

税收是国家凭借其政治权力,强制、无偿地参与国民收入分配取得财政收入的一种手段。国家通过税务机关、海关和财政机关等政府部门完成税款征收工作。税款征收是税务机关依照税收法律、法规的规定,将纳税人应当缴纳的税款组织入库的一系列活动的总称。它是税收征收管理工作的中心环节,在整个税收征收管理工作中占有极其重要的地位。税务机关作为政府的主要组成部分,其主要职责是管理国家税收,通过受理纳税人的申报,帮助纳税人履行纳税义务,公平公正地执行税法。

一、税收征收管理

现阶段,我国税收征收管理机关有税务机关和海关,其中税务机关负责征收的税种比较多,海关负责征收的税种比较少。

(一)由税务机关负责征收的税种

税务机关负责征收下列16个税收收入,分别是国内增值税、国内消费税、企业所得税、个人所得税、资源税、城镇土地使用税、城市维护建设税、印花税、土地增值税、房产税、车船税、车辆购置税、烟叶税、耕地占用税、契税和环境保护税。

除上述16个税种外,按照2018年3月发布的《深化党和国家机构改革方案》,税务部门具体还承担所辖区域内非税收入征管等职责,负责征收的非税收入可分为政府性基金、行政事业性收费和其他非税收入三大类项目,现在已经确定由税务部门征收的非税收入共有27项,包括社会保险费、教育费附加、地方教育附加、文化事业建设费、社保基金、残疾人就业保障金、工会会费和价格调节基金等。税务机关在税收征管信息系统和税库银联网电子缴税系统中设有代征基金、费的项目内容,在同一系统中,办理税款、基金、费的征收缴纳业务,实现税务机关征收税款、基金、费的一体化管理。

(二)由海关负责征收的税种

海关负责征收的税种有关税和船舶吨税;在进口环节,海关还代征增值税和消费税。

二、税款征收

税款征收方式是指税务机关依照税法的规定和纳税人生产经营、财务管理情况,以及方便纳税人、降低成本和保证国家税款及时足额入库的原则,而采取的具体的组织税款入库的方法。根据《中华人民共和国税收征收管理法》及其实施细则的规定,税款征收方式主要有查账征收、核定征收、代理征收、委托代征以及汇算清缴五种方式。

(一)税款征收的方式

1. 查账征收

查账征收是指税务机关按照纳税人提供的账表所反映的经营情况,依照适用税率计算缴纳税款的征收方法。查账征收适用于凭证、账簿、会计等核算制度比较健全,能够据以如实核算生产经营情况,正确计算应纳税款的纳税人。

2. 核定征收

核定征收是指税务机关对不能完整、准确提供纳税资料的纳税人采用特定方法确定其应纳税收入或应纳税额,纳税人据以缴纳税款的征收方法,具体包括查定征收、查验征收和定期定额征收三种征收方式。

1) 查定征收

查定征收是指由税务机关根据纳税人的从业人员、生产设备和采用原材料等因素,在正常生产经营条件下,对其产制的应税产品查实核定产量、销售额并据以征收税款的一种征收方法。它适用于生产规模较小、账册不健全、产品零星和税源分散的小型厂。

2) 查验征收

查验征收是指税务机关对纳税人应税商品,通过查验数量,按市场一般销售单价计算其销售收入并据以征税的一种征收方法。它适用于城乡集贸市场的临时经营和机场、码头等场外经销商品的征税。

3) 定期定额

定期定额是指对一些营业额、所得额不能准确计算的小型工商户经自报评议,由税务机关核定一定时期的营业额和所得税附征率,实行多税种合并征收的一种征收方法。核定期内的应纳税额一般不作变动,但纳税人的实际营业额高于原定定额的20%时,纳税人应及时申报,税务机关应及时核实调整税款的定额。

3. 代理征收

代理征收包括代扣代缴和代收代缴征收两种情形。代扣代缴是指支付纳税人收入的单位和个人从所支付的纳税人收入中扣缴其应纳税款并向税务机关解缴的行为。代收代缴是指与纳税人有经济往来关系的单位和个人借助经济往来关系向纳税人收取其应纳税款并向税务机关解缴的行为。代理征收方式适用于税源零星分散、不易控管纳税人的税款征收。扣缴义务人代扣、代收税款时,纳税人要求扣缴义务人开具代扣、代收税款凭证的,扣缴义务人应当开具。

4. 委托代征

委托代征是指税务机关根据有利于税收控管和方便销税的原则,按照国家有关规定委托有关单位及人员代征零星分散和异地缴纳的税款的征收方法。受托单位和人员按照代征证书的要求,以税务机关的名义依法征收税款,纳税人不得拒绝;纳税人拒绝的,受托代征单位和人员应当及时报告税务机关。

5. 汇算清缴

汇算清缴是指对纳税期限较长的纳税人实行按期预缴、到期计算、多退少补应纳税额的征收方法。汇算清缴适用于基本建设项目期限较长企业的企业所得税等税目的应纳税额的计算征收。我国企业所得税法规定,纳税人缴纳企业所得税以按年计算、分期(月或季)预缴、年终汇算清缴和多退少补的办法计算征收。

(二)税款征收的措施

1. 核定应纳税额

纳税人有下列情形之一的,税务机关有权核定其应纳税额:①依照法律、行政法规的规定可以不设置账簿的;②依照法律、行政法规的规定应当设置但未设置账簿的;③擅自销毁账簿或者拒不提供纳税资料的;④虽设置账簿,但账目混乱或者成本资料、收入凭证和费用凭证残缺不全,难以查账的;⑤发生纳税义务,未按照规定的期限办理纳税申报,经税务机关责令限期申报,逾期仍不申报的;⑥纳税人申报的计税依据明显偏低,又无正当理由的。

对未按照规定办理税务登记的从事生产、经营的纳税人以及临时从事经营的纳税人,由税务机关核定其应纳税额,责令缴纳;不缴纳的,税务机关可以扣押其价值相当于应纳税款的商品、货物。扣押后仍不缴纳应纳税款的,经县以上税务局(分局)局长批准,依法拍卖或者变卖所扣押的商品、货物,以拍卖或者变卖所得抵缴税款。

2. 关联企业纳税调整

纳税人与关联企业业务往来时,应当按照独立企业之间的业务往来收取或者支付价款、费用;不按照独立企业之间的业务往来收取或者支付价款、费用,而减少其应纳税的收入或者所得额的,税务机关有权进行合理调整。

3. 税收保全

税务机关认为从事生产、经营的纳税人有逃避纳税义务行为的,可以在规定的纳税期前责令纳税人限期缴纳应纳税额,在限期内发现纳税人有明显的转移、隐匿其应纳税的商品、货物以及其他财产或者应纳税收入的迹象的,税务机关可责成纳税人提供纳税担保。

4. 强制执行

1) 阻止出境

欠缴税款的纳税人或者其法定代表人在出境前未按照规定结清应纳税款、滞纳金或者提供纳税担保的,税务机关可以通知出入境管理机关阻止其出境。阻止出境包括布控和撤控。

2) 强制执行

从事生产、经营的纳税人、扣缴义务人未按照规定的期限缴纳或者解缴税款,纳税担保人未按照规定的期限缴纳所担保的税款,由税务机关责令限期缴纳,逾期仍未缴纳的,经县以上税务局(分局)局长批准,税务机关可以采取强制执行措施。税务机关采取强制执行措施时,对纳税人、扣缴义务人和纳税担保人未缴纳的滞纳金同时强制执行。纳税人和扣缴义务人未按法律规定或税务机关的规定期限缴纳、解缴税款的,税务机关除责令限期缴纳外,从滞纳税款之日起按日加收滞纳税款5‰的滞纳金。此外,纳税人和扣缴义务人偷税或抗税的,也属未按规定期限纳税,应依法加收滞纳金。

5. 税款优先

税务机关征收税款,税收优先于无担保债权,法律另有规定的除外;纳税人欠缴的税款发生在纳税人以其财产设定抵押、质押或者纳税人的财产被留置之前的,税收应当先于抵押权、质权、留置权执行。纳税人欠缴税款,同时又被行政机关决定处以罚款、没收违法所得的,税收优先于罚款、没收违法所得。税务机关应当对纳税人欠缴税款的情况定期予以公告。纳税人有欠税情形而以其财产设定抵押、质押的,应当向抵押权人、质权人说明其欠税情况。抵押权人、质权人可以请求税务机关提供有关的欠税情况。

6. 信息报告

税务机关扣押商品、货物或者其他财产时,必须开付收据;查封商品、货物或者其他财产时,必须开付清单。纳税人有合并、分立情形的,应当向税务机关报告,并依法缴清税款。纳税人合并时未缴清税款的,应当由合并后的纳税人继续履行未履行的纳税义务;纳税人分立时未缴清税款的,分立后的纳税人对未履行的纳税义务应当承担连带责任。欠缴税款数额较大的纳税人在处分其不动产或者大额资产之前,应当向税务机关报告。

7. 代位权和撤销权

欠缴税款的纳税人怠于行使到期债权,对国家税收造成损害的,税务机关依法向人民法院申请行使代位权。欠缴税款的纳税人放弃到期债权,无偿转让财产,或者以明显不合理的低价转让财产而受让人知道该情形,对国家税收造成损害的,税务机关依法向人民法院申请行使撤销权。

三、税款的缴纳

纳税人在纳税的实际环节中,税务机关是执行单位,征收的税款要上缴到国库。税款一般由纳税人以转账缴税的方式缴税,即由纳税人直接向国库经收处(设在银行)缴纳。纳税人一般要先通过与税务机关和银行分别签订《授权划缴税款协议书》和《委托划缴税款协议书》,即三方协议。企业电子申报税收项目后,国库经收处会将入库的税款随同缴款书划转到资金库即办完税款征收入库手续,同时开具由国家税务总局统一制定的完税凭证,包括各种完税证、缴款书及其他完税证明,作为税务机关收取税款时的专用凭证和纳税人履行纳税义务的合法证明。税款收入库后,按各级政府的预算级次进行分配,财政部门负责财政资金的预算支出。

纳税人因特殊困难,不能在规定的纳税期限内履行纳税义务,经税务机关批准予以延期缴纳税款,但是最长期限不得超过3个月。

本章小结

税收是国家取得财政收入的一种手段,具有无偿性、强制性和固定性的形式特征。税法是调整国家与纳税人之间在征纳税方面的权利及义务关系的法律规范的总称。按征税对象的不同,我国税种可以划分为流转税、所得税、财产税、资源税和行为税五大类共18个税种。流转税包括增值税、消费税、关税和烟叶税共4个税种,主要是在生产、流通、服务及进出口贸易等方面发挥调节作用;所得税包括企业所得税和个人所得税2个税种,主要是对生产经营者的利润和个人的纯收入发挥调节作用;资源税包括资源税、城镇土地使用税、土地增值税和耕地占用税4个税种,主要是对因开发和利用自然资源而形成的级差收入发挥调节作用;财产税包括房产税、车船税和契税3个税种,主要是对某些特定财产发挥调节作用。行为目的税包括印花税、城市维护建设税、环境保护税等5个税种,主要是为了限制或引导某些特定行为。上述税种的调节作用体现了社会主义核心价值观中的"民主"和"平等"。同时,车船税、环保税、烟叶税、耕地占用税和资源税五大资源和环境类税种全部完成立法,有力地推动了生态文明建设。

创新创业经营内容虽然不同,但税收项目可能相同;经营内容相同,税负可能不同。税款征收是税收征收管理工作的中心环节。18个税种中,16个税种由国家税务机关征收,2个税种由海关代为征收。企业要依法纳税、诚信纳税,申报税款后,银行可以直接将划转的税款交给国库。

1. 如何理解税收与税法的关系?
2. 创新创业者为何要把税收作为创新创业计划书的内容之一?
3. 为什么说增值税是价外税?增值税是由谁负担的?
4. 国家征收消费税的目的是什么?
5. 如何理解企业所得税的计税原理?企业所得税的税率是如何规定的?
6. 个人所得税税法规定的应税所得项目有哪些?
7. 个人所得税专项附加扣除项目有哪些?
8. 资源税、财产税和行为目的税各包含哪些税种?
9. 创业企业经营类型不同,税收项目相同吗?税负相同吗?

第四章

创新创业企业的税收优惠

 本章学习目的

推进大众创业、万众创新,是富民之道、强国之策,也是发展的动力之源。我国针对创业就业主要环节,陆续推出了多项优惠措施。本章主要阐述我国创业企业在初创期、成长期和成熟期等不同周期阶段的现行税收优惠政策。学生通过本章的学习,了解创业就业平台、产业、区域、软件企业、集成电路企业和动漫企业的税收优惠政策内容;掌握研发费用加计扣除、固定资产加速折旧、购买符合条件设备、科技成果转化税收和科研机构创新人才的税收优惠;熟练运用重点小微企业、重点群体创业就业、高新技术企业的税收优惠政策;切实感受科技创新对国家和民族生存和发展的重要性,增强制度自信和文化自信,激发社会责任意识和爱国情怀。

 本章关键词

税收优惠　小型微利企业　重点群体　研发费用　科技成果转化　高新技术企业　创新人才　加速折旧　创业就业平台

 本章思政点

小微企业的税收优惠　重点群体创业就业的税收优惠　研发费用加计扣除　科研机构创新人才税收优惠

 **案例导入**

减税降费助力"上飞装备"圆了"蓝天梦"

在上飞飞机装备制造有限公司(以下简称"上飞装备")的研发生产线上,技术工人们正在繁忙地工作。这家集飞机部件及零组件的生产制造和航空相关产品的设计、制造和维修服务等于一体的企业,经过10余年的发展,已成为上海地区具有一定规模的飞机大部件公司,同时零件智能制造技术和飞机部件数字化装备技术已达到国内先进水平。

"为了确保研发创新工作的持续推进,在投入大量资金研发的同时,还要保证公司的正常产出和运转,压力是可想而知的。"公司财务总监周彩华坦言。近年来,国家各项减税降费政策的出台,给"上飞装备"带来了"真金白银",让公司卸下担子、轻装前行。

"在公司发展遭遇'瓶颈'的时候,各项税收优惠政策如同雪中送炭,降低了公司税费成本,加速了资金流转率,让公司有更多资金投入研发创新,提高了企业的发展速度。"周彩华说道。针对"上飞装备"不同发展阶段的需求和问题,上海市浦东新区临港税务部门不断提供精准服务,帮助企业渡过难关,引导企业加快转型,进入发展快车道。

"2016年至今,公司累计加计扣除研发费用867.78万元;按照高新技术企业低税率核算,公司累计享受企业所得税减税额度130.17万元。拿着这样的减税账单,我们对公司的未来更有信心和底气了。"周彩华高兴地分享道。

"减税降费极大地减轻了企业的负担,提升了企业的活力和市场竞争力。有国家惠民利企税收政策的保驾护航,蓝天梦,未来可期!"公司常务副总闫峰对未来信心满满。

(来源:国家税务总局网站,网址:http://www.chinatax.gov.cn/chinatax/n810219/n810744/n4016641/n4016722/c5142649/content.html)

问题: 由上飞装备发展案例,谈谈税收对创新创业的支持作用。

第一节 税收优惠的形式

推进大众创业、万众创新,是发展的动力之源,也是富民之道、公平之计、强国之策。税收是调节经济的重要杠杆,我国针对创业就业主要环节和关键领域陆续推出多项税收优惠措施,覆盖企业整个寿命周期。税收优惠是指国家运用税收政策在税收法律、行政法规中规定对某一部分特定企业和课税对象给予减轻或免除税收负担的一种措施。它是一定时期国家的税收导向,具体税收优惠形式表现为免税、减税、免征额、起征点、出口退税、优惠税率、即征即退、先征后返、延期纳税和税收抵免等形式。

一、免税

免税是指国家出于照顾或奖励的目的,对特定的地区、行业、企业、项目或情况(特定的纳税人或者纳税人的特定应税项目,或由于纳税人的特殊情况)给予纳税人完全免予征税的优惠政策。

二、减税

减税是指从应征税款中减征部分税款的措施,是对某些纳税人或课税对象给予鼓励或照顾的一种特殊措施。减税与免税类似,实质上相当于一种财政补贴。减税按性质不同,分为法定减税、特定减税和临时减税。政府主要给予纳税人两类减税办法:一类是出于税收照顾目的的减税。例如,国家对遭受自然灾害地区的企业、残疾人企业等的减税,这类减税是一种税收照顾,是国家对纳税人因各种不可抗力造成的损失进行财务补偿。另一类是出于税收奖励目的的减税。例如,对产品出口企业、高科技企业、环境保护项目等的减税,这类减税是一种税收奖励,是政府对纳税人贯彻国家政策的财务奖励。

三、免征额

免征额又称扣除额,是指在征税对象全部数额中免予征税的数额。它是按照一定标准,从征税对象全部数额中预先扣除的数额。免征额部分不征税,只对超过免征额的余额部分征税。例如,个人工资薪金所得允许扣除的免征额为 5 000 元/月。

四、起征点

起征点又称征税起点,是根据征税对象的数量,规定一个标准,达到这个标准的就征税,未达到这个标准就不征税。例如增值税税法规定,销售货物、应税劳务和提供应税服务的起征点达到月销售额为 15 万元,季度销售额为 45 万元。

起征点与免征额的区分在于:起征点是开始征税的起点,超过了起征点,都要征税,未达到起征点不征税;征税对象数额如果小于免征额,则全额免税;如果大于免征额,则超过免征额的差额部分征税。

五、出口退税

退税是指为减轻纳税人税收负担,由税务机关按规定予以退还多缴纳税款的行为。比如,为了扩大出口贸易,鼓励出口,同时增强出口货物在国际市场上的竞争力,按国际惯例对企业已经出口的产品退还在出口前各环节缴纳的国内流转税,主要包括增值税和消费税的税款。

六、优惠税率

优惠税率是指对符合条件的产业、企业或项目课以较低的税率。优惠税率有利于吸引外部投资、加快该优惠产业的发展。

七、即征即退

即征即退是指对按税法规定缴纳的税款,由税务机关在征税时部分或全部退还纳税人,其与出口退税、先征后退和投资退税等一并属于退税的范畴,其实质是一种特殊方式的免税和减税。目前,我国采取即征即退政策仅限于缴纳增值税的个别纳税人。

八、先征后返

先征后返是指对按税法规定缴纳的税款,由税务机关征收入库后,再由税务机关或财政部门按规定的程序给予部分或全部退税或返还已纳税款的方法。先征后返属于退税范畴,其实质也是一种特定方式的免税或减免规定。目前,我国采取先征后返的办法主要适用于缴纳流转税和企业所得税的纳税人。

九、延期纳税

延期纳税是对纳税人应纳税款的部分或全部税款的缴纳期限适当延长的一种特殊规定。

十、税收抵免

税收抵免是对纳税人的境内、境外全部所得计征所得税时,准予在税法规定的限度内以其国外已纳税款抵减其应纳税款,以避免重复课税的方法。税收抵免是世界各国的通行做法。

第二节 企业初创期的税收优惠

一、小规模纳税人和小型微利企业的税收优惠

(一)小规模纳税人销售额未达到起征点时的增值税税收优惠

根据《财政部税务总局关于明确增值税小规模纳税人免征增值税政策的公告》(财税公告[2021]11号)的规定,自2021年4月1日至2022年12月31日,对月销售额15万元以下(含本数)的增值税小规模纳税人,免征增值税。可见,小规模纳税人的增值税起征点分别为:①以月为纳税期的,月销售额为15万元(扣除本期发生的销售不动产的销售额后);②以季度为纳税期的,季度销售额为45万元。

小规模纳税人销售额未超限额免征增值税

明阳公司为小规模纳税人,2021年4~6月的销售额分别是10万元、16万元和18万元。明阳公司是否可以享受免征增值税?

【解析】如果纳税人按月纳税,则 5 月和 6 月的销售额均超过了月销售额 15 万元的免税标准,需要缴纳增值税,只有 4 月的 10 万元能够享受免税。

如果纳税人按季纳税,则 2021 年二季度销售额＝10＋16＋18＝44(万元)＜45 万元,明阳公司第二季度可以享受免征增值税。

按照固定期限纳税的小规模纳税人可以根据自己的实际经营情况选择实行按月纳税或按季纳税。但是需要注意的是,纳税期限一经选择,一个会计年度内不得变更。

(二) 小型微利企业的企业所得税税收优惠

小型微利企业是指从事国家非限制和禁止行业,且同时符合年度应纳税所得额不超过 300 万元、从业人数不超过 300 人、资产总额不超过 5 000 万元等三个条件的企业。

小型微利企业税收优惠,采用超额累进计算方法。根据《财政部税务总局关于实施小微企业和个体工商户所得税优惠政策的公告》(财税[2021]12 号)的规定,2021 年 1 月 1 日至 2022 年 12 月 31 日,对小型微利企业年应纳税所得额不超过 100 万元的部分,减按 12.5％计入应纳税所得额,实际执行税率为 2.5％;根据《财政部税务总局关于进一步实施小微企业所得税优惠政策的公告》(财税公告[2022]13 号)的规定,2022 年 1 月 1 日至 2024 年 12 月 31 日,对年应纳税所得额超过 100 万元但不超过 300 万元的部分,减按 25％计入应纳税所得额,按 20％的税率缴纳企业所得税,实际执行税率为 5％。

小型微利企业和个体工商户不区分征收方式,均可享受优惠政策,实行"自行判别,申报享受",即在预缴和汇算清缴所得税时,无需备案,通过填写企业所得税纳税申报表,或个人所得税纳税申报表和减免税事项报告表相关栏次,即可享受。

案例 4-2

小型微利企业所得税的计算

成阳公司按季度预缴企业所得税,2022 年经过判断符合小型微利企业条件。当年第一季度预缴企业所得税时,相应的应纳税所得额为 50 万元;第二季度预缴企业所得税时,相应的累计应纳税所得额为 150 万元。

要求:分别计算企业第一、第二季度应纳所得税额。

【解析】第一季度应交企业所得税＝50×12.5％×20％＝1.25(万元)

第一季度减免税额＝50×25％－1.25＝11.25(万元)

第二季度公司实际应纳所得税额＝100×12.5％×20％＋(150－100)×25％×20％＝2.5＋2.5＝5(万元)

第二季度减免税额＝150×25％－5＝32.5(万元)

从案例可以看出,企业在设立时,不仅需要考虑企业用工人数、资产的规模,

> 还需要事先估计一下全年应纳税所得额,特别是全年应纳税所得额接近小型微利企业临界点时,需要进行企业所得税筹划,避免多缴纳企业所得税。

小型微利企业在我国企业总数中占比很大。它对促进就业、增强经济活力具有十分重要的意义。但从税收负担能力来看,小型微利企业的税收负担能力相对较弱,如果让其与规模大、盈利能力强的企业适用同样的税率,将导致税收负担较重,不利于小型微利企业的发展壮大。为保证和扶持小型微利企业健康发展,国家出台了一系列扶持小型微利企业发展的税收优惠政策,助小型微利企业爬坡过坎,成长壮大。据国家统计局社情民意调查中心的报告显示,社会群体对扶持小微企业发展政策"满意"和"基本满意"的为91.9%,对有关小微企业税收减免政策落实情况表示"满意"和"基本满意"的达到92%。

需指出的是,根据《财政部税务总局关于进一步实施小微企业"六税两费"减免政策的公告》(财税[2022]10号)的规定,自2022年1月1日至2024年12月31日,由省、自治区、直辖市人民政府根据本地区实际情况,以及宏观调控需要确定,对增值税小规模纳税人、小型微利企业和个体工商户可以在50%的税额幅度内减征资源税、城市维护建设税、房产税、城镇土地使用税、印花税(不含证券交易印花税)、耕地占用税和教育费附加、地方教育附加。

二、重点群体创业和就业的税收优惠

(一)特殊群体创业和就业的税收优惠

1. 特殊群体创业的税收优惠

重点群体创业税收扣减体现我国在税收上的惠民措施,具体内容为:2019年1月1日至2025年12月31日,建档立卡的贫困人口、持《就业创业证》(注明"自主创业税收政策"或"毕业年度内自主创业税收政策")或《就业失业登记证》(注明"自主创业税收政策")的人员从事个体经营的,自办理个体工商户登记当月起,在3年(36个月,下同)内按每户每年12 000元为限额依次扣减其当年实际应缴纳的增值税、城市维护建设税、教育费附加、地方教育附加和个人所得税。限额标准最高可上浮20%,各省、自治区、直辖市人民政府可根据本地区实际情况在此幅度内确定具体限额标准。

纳税人年度应缴纳税款小于上述扣减限额的,减免税额以其实际缴纳的税款为限;大于上述扣减限额的,以上述扣减限额为限。

2. 吸纳特殊群体就业的税收优惠

2019年1月1日至2025年12月31日,企业招用建档立卡的贫困人口,以及在人力资源社会保障部门公共就业服务机构登记失业半年以上且持《就业创业证》或《就业失业登记证》(注明"企业吸纳税收政策")的人员,与其签订1年以上期限劳动合同并依法缴纳社会保险费的,在3年内按实际招用人数予以定额依次扣减增值税、城市维护建设税、教育费附加、地方教育附加和企业所得税。定额标准为每人每年6 000元，最高可上浮30%，各省、自治区、直辖市人民政府可根据本地区实际情况在此幅度内确定具体定额标准。城市维护建设税、教育费附加、地方教育附加的计税依据是享受本项税收优惠政策前的增值税应纳税额。

（二）退役士兵创业和就业的税收优惠

1. 退役士兵创业的税收优惠

退役士兵自谋职业从事个体经营（除规定行业外）的自2019年1月1日至2023年12月31日，自办理个体工商户登记当月起，3年内按每户每年12 000元（经省级人民政府确定可上浮20%）为限额依次扣减其当年实际应缴纳的增值税、城市维护建设税、教育费附加、地方教育附加和个人所得税。纳税人在2021年12月31日享受税收优惠政策未满3年的，可继续享受至3年期满为止。

2. 吸纳退役士兵就业的税收优惠

2019年1月1日至2023年12月31日，招用自主就业退役士兵，与其签订1年以上期限劳动合同并依法缴纳社会保险费的，在3年内按实际招用人数予以定额依次扣减增值税、城市维护建设税、教育费附加、地方教育附加和企业所得税优惠。定额标准为每人每年6 000元，最高可上浮50%，各省、自治区、直辖市人民政府可根据本地区实际情况在此幅度内确定具体定额标准。城市维护建设税、教育费附加、地方教育附加的计税依据是享受本项税收优惠政策前的增值税应纳税额。按上述标准计算的税收扣减额，应在企业当年实际应缴纳的增值税、城市维护建设税、教育费附加、地方教育附加和企业所得税额中扣减，当年扣减不完的，不得结转下年使用。

（三）军队转业干部、随军家属创业和就业的税收优惠

自主择业的军队转业干部持有师以上部队颁发的转业证件从事个体经营，自领取税务登记证之日起，3年内免征个人所得税。

从事个体经营的随军家属必须持有师以上政治机关出具的可以表明其身份的证明，每一名随军家属可以享受一次免税政策，自领取税务登记证之日起，其提供的应税服务3年内免征增值税和个人所得税。

为安置随军家属就业而新开办的企业，自领取税务登记证之日起，其提供的应税服务3年内免征增值税。安置的随军家属必须占企业总人数的60%（含）以上，并有军（含）以上政治和后勤机关出具的证明。

为安置自主择业的军队转业干部就业而新开办的企业，自领取税务登记证之日起，其提供的应税服务3年内免征增值税。安置的自主择业军队转业干部必须占企业总人数的60%（含）以上，并有师以上政治和后勤机关出具的证明。

（四）残疾人创业和就业的税收优惠

残疾人个人提供的加工、修理修配劳务，为社会提供的应税服务免征增值税。对残疾人取得的劳动所得，按照省人民政府规定的减征幅度和期限减征个人所得税。对安置残疾人的单位和个体工商户，实行由税务机关按纳税人安置残疾人的人数，限额即征即退增

值税,每月可退还的增值税具体限额,由县级以上税务机关根据纳税人所在区县适用的经各省、自治区、直辖市人民政府批准的月最低工资标准的4倍确定。对安置残疾人的特殊学校举办的企业,实行由税务机关按纳税人安置残疾人的人数,限额即征即退增值税。企业安置残疾人员的,按照支付给残疾职工工资据实扣除的基础上,可以在计算应纳税所得额时,按支付给残疾职工工资的100%加计扣除。对在一个纳税年度内月平均实际安置残疾人就业人数占所在单位在职职工总数的比例高于25%,且实际安置残疾人人数高于10人的单位,可减征或免征城镇土地使用税。

案例 4-3

重点群体就业的税收优惠

居民企业爱德公司主要经营物流仓储,准备于2022年6月成立,公司准备招聘员工6名,请对爱德公司本次招聘人员结构进行筹划。

【解析】如果在社会上招聘员工6名,公司无法享受任何税收优惠。如果招聘残疾人员、失业下岗人员和退役士兵各2名,将享受税收优惠,具体分析如下:

(1) 招聘2名残疾人员,残疾人月平均工资4 000元,同时满足《财政部、国家税务总局关于安置残疾人员就业有关企业所得税优惠政策问题的通知》(财税[2009]70号)中残疾人员加计扣除的四个条件。

残疾人工资可以加计扣除额=0.4×2×12=9.6(万元)

每年少缴纳企业所得税=9.6×25%=2.4(万元)

(2) 招聘2名失业半年以上且持《就业创业证》或《就业失业登记证》人员。公司在未来3年内的每年依次扣减增值税、城市维护建设税、教育费附加、地方教育附加和企业所得税合计1.2万元(0.6×2)。

(3) 招聘2名退役士兵,并且与2名退役士兵签订1年以上期限劳动合同并依法缴纳社会保险费。公司在未来3年内的每一年依次扣减增值税、城市维护建设税、教育费附加、地方教育附加和企业所得税合计1.2万元(0.6×2)。

可见,优先招聘残疾人员、失业下岗人员和退役士兵各2名后,每年少缴纳增值税、城市维护建设税、教育费附加、地方教育附加和企业所得税4.8万元(2.4+1.2+1.2);预计3年共少缴纳增值税、城市维护建设税、教育费附加、地方教育附加和企业所得税14.4万元,所以应当选择招聘残疾人员、失业下岗人员和退役士兵。

充分吸纳就业,特别是吸纳残疾人员、退役士兵、失业人员和高校毕业生到企业工作,有利于维护社会稳定,这也是企业应尽的社会责任。同时,企业根据岗位需要招聘上述人员,不仅帮助政府解决就业问题,而且能够降低企业的税负。

三、助力创投企业、金融机构的税收优惠

(一)创投企业投资未上市的中小高新企业的税收优惠

自2018年1月1日起,创投企业采取股权投资方式投资于未上市中小高新技术企业满2年(24个月)的,可以按照其对中小高新技术企业投资额的70%,在股权持有满2年的当年,抵扣该创业投资企业的应纳税所得额,当年不足抵扣的可以在以后纳税年度结转抵扣。

创业投资企业的税收优惠

杰明公司为创业投资企业,企业所得税税率为25%。2020年8月1日,该公司向境内未上市的中小高新技术企业投资200万元。2022年度该企业利润总额1 000万元。

要求:若不考虑其他纳税调整事项,计算2022年该公司应纳企业所得税。

【解析】应纳企业所得税=(1 000-200×70%)×25%=215(万元)

2015年1月1日起,有限合伙制创业投资企业采取股权投资方式投资未上市的中小高新企业2年(24个月)的,有限合伙制创业投资企业的法人合伙人可按照其对未上市中小高新技术企业投资额的70%抵扣该法人合伙人从该投资企业分得的应纳税所得额,当年不足抵扣的,可以在以后纳税年度结转抵扣。有限合伙制创业投资企业的法人合伙人对未上市中小高新技术企业的投资额,按照有限合伙制创业投资企业对中小高新技术企业的投资额和合伙协议约定的法人合伙人占有限合伙制创业投资企业的出资比例计算确定。

(二)公司制创投企业投资初创科技型企业的税收优惠

2018年1月1日起,公司制创投企业或有限合伙制创投企业采取股权投资方式直接投资于种子期、初创期科技型企业满2年(24个月)的,可以按照投资额的70%,抵扣公司制创业投资企业的应纳税所得额或法人合伙人从合伙创投企业分得的所得;当年不足抵扣的,可以在以后纳税年度结转抵扣。

(三)有限合伙制创投企业个人合伙人的税收优惠

2018年1月1日起,有限合伙制创业投资企业或天使投资个人采取股权投资方式直接投资于初创科技型企业满2年(24个月)的,个人合伙人或天使投资个人可以按照投资额的70%,分别抵扣个人合伙人从合伙创投企业分得的经营所得,天使投资个人抵扣转让该初创科技型企业股权取得的应纳税所得额;当年不足抵扣的,可以在以后纳税年度结转抵扣。

(四)以非货币性资产对外投资的税收优惠

以非货币性资产对外投资的居民企业,可自确认非货币性资产转让收入年度起不超

过连续5个纳税年度的期间内,非货币性资产转让所得分期均匀计入相应年度的应纳税所得额,按规定计算缴纳企业所得税。

以非货币性资产对外投资的个人,对非货币资产转让所得应按财产转让所得缴纳个人所得税,一次性缴税有困难的,可合理确认分期缴纳计划并报主管税务机关备案后,在不超过5年期限内缴纳。

(五)金融机构、小额贷款公司的税收优惠

金融机构、经省级金融管理部门批准成立的小额贷款公司,取得的农户小额贷款的利息收入,在计算应纳税所得额时,按90%计入收入总额。经省级金融管理部门批准成立的小额贷款公司,取得的农户小额贷款的利息收入,免征增值税。

2023年12月31日前,金融机构向农户、小微企业及个体工商户发放小额贷款取得的利息收入,免征增值税。2018年1月1日至2023年12月31日金融机构与小型企业、微型企业签订的借款合同免征印花税;为农户、小型企业、微型企业及个体工商户借款、发行债券提供融资担保服务,以及为上述融资担保提供再担保服务的纳税人,取得的担保费收入,以及为原担保提供再担保取得的再担保费收入,免征增值税。

四、产业税收优惠

(一)节能服务业的税收优惠

对符合条件的节能服务公司实施合同能源管理项目,自项目取得第一笔生产经营收入所属纳税年度起,第一至第三年免征企业所得税,第四至第六年按照25%的法定税率减半征收企业所得税。用能企业按照能源管理合同实际支付给节能服务公司的合理支出,可在计算当期应纳税所得额时扣除。能源管理合同期满后,节能服务公司与用能企业办理有关资产的权属转移时,用能企业已支付的资产价款,不计入节能服务公司的收入征收企业所得税。节能服务公司转让给用能企业的因实施合同能源管理项目形成的资产,其计税基础按折旧或摊销期满的资产进行税务处理。符合条件的合同能源管理服务取得的应税服务收入,免征增值税。

(二)涉农产业的税收优惠

1. 涉农项目增值税的税收优惠

农业是指种植业、养殖业、林业、牧业和水产业。农业生产者包括从事农业生产的单位和个人。农产品是指初级农产品,具体范围由财政部、国家税务总局确定。农业产品的征税范围包括人工种植和天然生长的各种植物的初级产品,具体征税范围分为植物类和动物类两大类。其中,植物类包括:①粮食;②蔬菜;③烟叶;④茶叶;⑤园艺植物;⑥药用植物;⑦油料植物;⑧纤维植物;⑨糖料植物;⑩林业产品等。动物类的征税范围包括人工养殖和天然生长的各种动物的初级产品,具体包括:①水产品;②畜牧产品;③动物皮张;④动物毛绒;⑤其他动物组。

农业生产者销售的自产农产品免征增值税。农业生产者销售的自产农业产品是指种植业、养殖业、林业、牧业和水产业生产的各种植物、动物的初级产品。采取"公司+农户"

经营模式从事畜禽饲养,纳税人再回收销售家禽,视同农业生产者销售自产农业产品免征增值税。

此外,制种企业利用自有土地或承租土地,雇佣农户或雇工进行种子繁育,或提供亲本种子委托农户繁育并从农户手中收回,再经烘干、脱粒、风筛等深加工后销售的种子免征增值税;农业机耕、排灌、病虫害防治、植物保护以及相关技术培训业务,家禽、牲畜、水生动物的配种和疾病防治免征增值税。

2. 涉农项目企业所得税的税收优惠

1)免征企业所得税的涉农项目

企业从事下列项目免征企业所得税:①蔬菜、谷物、薯类、油料、豆类、棉花、麻类、糖料、水果、坚果的种植;②农作物新品种的选育;③中药材的种植;④林木的培育和种植;⑤牲畜、家禽的饲养;⑥林产品的采集;⑦灌溉、农产品初加工、兽医、农技推广、农机作业和维修等农林牧渔服务业项目;⑧远洋捕捞。

2)减半征收企业所得税的涉农项目

企业从事下列项目减半征收企业所得税:①花卉、茶以及其他饮料作物和香料作物的种植;②海水养殖、内陆养殖。

3. 涉农项目的其他税收优惠

涉农项目的其他税收优惠主要包括:①专门经营农产品的农产品批发市场、农贸市场使用的房产、土地,暂免征收房产税和城镇土地使用税。②对同时经营其他产品的农产品批发市场和农贸市场使用的房产、土地,按其他产品与农产品交易场地面积的比例确定征免房产税和城镇土地使用税。③农民专业合作社与本社成员签订的农业产品和农业生产资料购销合同,免征印花税。直接用于农、林、牧、渔业的生产用地免征城镇土地使用税。④捕捞、养殖渔船免征车船税;农田水利占用耕地以及建设直接为农业生产服务的生产设施占用林地、牧草地、农田水利用地、养殖水面以及渔业水域滩涂等其他农用地不征耕地占用税。⑤受让荒山、荒沟、荒丘、荒滩土地使用权,用于农、林、牧、渔业生产的,免征契税。⑥个人独资企业和合伙企业从事种植业、养殖业、饲养业和捕捞业所得暂不征收个人所得税。⑦农用三轮车免征车辆购置税。

4. 农村饮水安全工程项目的税收优惠

饮水工程运营管理单位是指自来水公司、供水公司、供水(总)站(厂、中心)、村集体、在民政部门注册登记的用水户协会等,其从事农村饮水安全工程项目,根据《关于继续实行农村饮水安全工程税收优惠政策的公告》(财税公告[2019]67号)的规定享受下列税收优惠政策:①为建设饮水工程而承受土地使用权,免征契税;②为建设饮水工程取得土地使用权而签订的产权转移书据,以及与施工单位签订的建设工程承包合同免征印花税;③自用的生产、办公用房产、土地,免征房产税、城镇土地使用税;④向农村居民提供生活用水取得的自来水销售收入,免征增值税;⑤符合《公共基础设施项目企业所得税优惠目录》规定的饮水工程新建项目投资经营的所得,自项目取得第一笔生产经营收入所属纳税年度起,第一至第三年免征企业所得税,第四至第六年减半征收企业所得税。

（三）交通运输业的税收优惠

交通运输行业主要包括铁路运输业、公路运输业、水上运输业、航空运输业、管道运输业及多式联运和运输代理业。

交通运输业的税收优惠政策主要包括：①一般纳税人提供管道运输服务，其增值税实际税负超过3%的部分实行增值税即征即退。②交通运输设施占用耕地可减征耕地占用税。③对城市公交企业购置的公共电汽车辆免征车辆购置税；城市公交站场、各客运站场的运营用地，免征城镇土地使用税。④物流企业自有的大宗商品仓储设备用地，减按50%征收城镇土地使用税。

在疫情期间，发生重大经济亏损的困难交通运输企业，最长结转年限由5年延长至8年。自2022年1月1日至2022年12月31日，航空和铁路运输企业分支机构暂停预缴增值税，2022年2月纳税申报期至2022年3月3日发布之日已预缴的增值税予以退还。自2022年1月1日至2022年12月31日，对纳税人提供公共交通运输服务取得的收入，免征增值税。《关于促进服务业领域困难行业纾困发展有关增值税政策的公告》(财税[2022]11号)发布之前已征收入库的按规定应予免征的增值税款，可抵减纳税人以后月份应缴纳的增值税款或者办理税款退库。

（四）科普和教育服务业的税收优惠

1. 科普服务业的税收优惠

对公众开放的科技馆、自然博物馆、天文馆和气象台(站)、地震台(站)、高校和科研机构对外开放的科普基地，从境外购买自用范围的科普影视作品播映权而进口的拷贝、工作带，免征关税和进口环节增值税；对上述科普单位以其他形式进口的自用影视作品，免征关税和进口环节增值税。

2. 教育服务业的增值税税收优惠

免征增值税的服务或收入包括：①从事学历教育的学校提供的教育服务；②政府举办的从事学历教育的高等、中等和初等学校(不含下属单位)，举办进修班和培训班取得的全部归学校所有的收入；③政府举办的职业学校设立的主要为在校学生提供实习场所，并由学校出资自办、由学校负责经营管理、经营收入归学校所有的企业，从事现代服务(不含融资租赁服务、广告服务和其他现代服务)、生活服务(不含文化体育服务、其他生活服务和桑拿、氧吧)业务活动取得的收入；④境外捐赠人无偿捐赠的直接用于各类职业学校、高中、初中、小学、幼儿园教育的教学仪器、图书、资料和一般学习用品，免征进口关税和进口环节增值税。

3. 教育服务业的企业所得税税收优惠

对于经批准设立的非营利性民办学校，按照税法规定进行免税资格认定后，符合条件的非营利组织的收入为免税收入，免征非营利性收入的企业所得税。

4. 教育服务业的个人所得税税收优惠

(1) 个人将其所得对教育事业和其他公益事业的捐赠额未超过纳税义务人申报的应纳税所得额30%的部分，可以从其应纳税所得额中扣除；纳税人通过中国境内非营利的社会团体、国家机关向教育事业的捐赠，准予在个人所得税前全额扣除。

案例 4-5

教育服务业的个人所得税的税收优惠

中国居民钱先生 2021 年取得减除费用、专项扣除和附加专项扣除后的工资薪金收入 800 000 元,现通过所在地市级人民政府的民政局捐赠现金 200 000 元给所在地农村的某村属小学。

要求:计算钱先生应缴纳的个人所得税。

【解析】全年应缴纳个人所得税额=(800 000－200 000)×30%－52 920＝127 080(元)

(2) 省级人民政府、国务院部委、中国人民解放军军以上单位,以及外国组织、国际组织颁发的科学、教育、技术、文化、卫生、体育和环境保护等方面的奖金免征个人所得税;高等学校转化职务科技成果以股份或出资比例等股权形式给予个人奖励,获奖人在取得股份、出资比例时,暂不缴纳个人所得税;教育部颁发的"特聘教授奖金"免予征收个人所得税;个人获得曾宪梓教育基金会教师奖的奖金,可视为国务院部委颁发的教育方面的奖金,免予征收个人所得税;特聘教授获得"长江学者成就奖"的奖金,可视为国务院部委颁发的教育方面的奖金,免予征收个人所得税。

(3) 纳税人的子女处于学前教育阶段及接受全日制学历教育的相关支出,按照每个子女每月 1 000 元的标准定额扣除;纳税人在中国境内接受学历(学位)继续教育的支出,在学历(学位)教育期间按照每月 400 元定额扣除;纳税人接受技能人员职业资格继续教育、专业技术人员职业资格继续教育的支出,在取得相关证书的当年,按照 3 600 元定额扣除;个人接受本科及以下学历(学位)继续教育,符合扣除条件的,可以选择由其父母扣除,也可以选择由本人扣除。

此外,高校学生公寓免征房产税;与高校学生签订的高校学生公寓租赁合同,免征印花税;学校经批准征用的耕地,免征耕地占用税;幼儿园经批准征用的耕地,免征耕地占用税;企业办的各类学校、托儿所、幼儿园自用的房产、土地,免征房产税、城镇土地使用税;财产所有人将财产赠给学校所立的书据,免征印花税。

(五) 宣传文化产业税收优惠

为促进我国宣传文化事业的发展,继续实施宣传文化增值税优惠政策。

1. 宣传文化的增值税先征后退税收优惠

(1) 自 2021 年 1 月 1 日起至 2023 年 12 月 31 日,对下列出版物在出版环节执行增值税 100% 先征后退的政策:①中国共产党和各民主党派各级组织的机关报纸和机关期刊,各级人大、政协、政府、工会、共青团、妇联、残联、科协的机关报纸和机关期刊,新华社的机关报纸和机关期刊,军事部门的机关报纸和机关期刊。机关报纸和机关期刊增值税先征后退范围掌握在一个单位一份报纸和一份期刊以内。②专为少年儿童出版发行的报纸和期刊,中小学的学生教科书。③专为老年人出版发行的报纸和期刊。④少数民族文字出版物。⑤盲文图书和盲文期刊。⑥经批准在内蒙古、广西、西藏、宁夏、新疆五个自治区内注册的出版单位出版的出版物。列入《适用增值税100%先征后退政策的特定图书、报纸和期刊名单》的图书、报纸和期刊。

（2）对各类图书、期刊、音像制品、电子出版物在出版环节执行增值税先征后退50%的政策，执行增值税100%先征后退的出版物除外。

（3）对少数民族文字出版物的印刷或制作业务、列入《适用增值税100%先征后退的新疆维吾尔自治区印刷企业名单》的印刷业务执行增值税100%先征后退的政策。

2. 宣传文化的免征增值税的税收优惠

自2021年1月1日起至2023年12月31日，免征图书批发、零售环节增值税；对科普单位的门票收入，以及县级及以上党政部门和科协开展科普活动的门票收入免征增值税。

（六）医疗卫生和社区家庭服务业的税收优惠

1. 医疗卫生业的税收优惠

医院、诊所和其他医疗机构提供的医疗服务收入免征增值税；营利性医疗机构取得的收入，直接用于改善医疗卫生条件的，自其取得执业登记之日起3年内，自用的房产、土地，免征房产税、城镇土地使用税；自产自用的制剂，免征增值税；医院占用耕地免征耕地占用税。

2. 社区家庭服务业的税收优惠

自2019年6月1日至2025年12月31日，下列收入免征增值税：①提供社区养老、托育、家政服务取得的收入，免征增值税。②符合条件的家政服务企业提供家政服务取得的收入免征增值税。

养老院占用耕地，免征耕地占用税；福利性、非营利性的老年服务机构自用的房产暂免征收房产税，为居民个人供热所使用的厂房及土地免征房产税、城镇土地使用税；供政府部门出具的相关材料，可按公租房、廉租住房、经济适用住房、棚户区改造安置住房建筑面积占总建筑面积的比例免征城镇土地使用税、印花税。企事业单位、社会团体以及其他组织转让旧房作为公租房、廉租住房、经济适用住房、改造安置住房房源且增值额未超过扣除项目金额20%的，免征土地增值税；捐赠住房作为公租房、廉租住房的，按公益性捐赠减计所得额。

五、区域税收优惠

区域税收优惠是国家法律规定特定地区在税收上享有的优惠待遇，有利于投资者充分利用不同地区的税制差别和税收区域倾斜，选择投资地点，减少投资成本，获取较大的投资收益。随着社会经济的发展和税制改革的需要，我国区域税收政策也进行了重大调整，现行主要的区域税收优惠有西部大开发地区、民族自治地区、自由贸易港和自贸区企业所得税优惠。

（一）西部大开发的税收优惠

西部地区包括内蒙古自治区、广西壮族自治区、重庆市、四川省、贵州省、云南省、西藏自治区、陕西省、甘肃省、青海省、宁夏回族自治区、新疆维吾尔自治区和新疆生产建设兵团。湖南省湘西土家族苗族自治州、湖北省恩施土家族苗族自治州、吉林省延边朝鲜族自治州和江西省赣州市,可以比照西部地区的企业所得税政策执行。

自2021年1月1日至2030年12月31日,对设在西部地区的鼓励类产业企业,且其当年度主营业务收入占企业收入总额60%以上的企业,减按15%税率缴纳企业所得税。

(二)民族自治地区的税收优惠

民族自治地方的自治机关对本民族自治地方的企业应缴纳的企业所得税中属于地方分享的部分,经省级人民政府批准可决定减征或者免征。

(三)自由贸易港和自贸区的税收优惠

1. 海南自由贸易港的税收优惠

自2020年1月1日至2024年12月31日,对注册在海南自由贸易港并实质性运营的鼓励类产业企业,减按15%的税率征收企业所得税。

鼓励类产业企业是指以海南自由贸易港鼓励类产业目录中规定的产业项目为主营业务,且其主营业务收入占企业收入总额60%以上的企业。实质性运营是指企业的实际管理机构设在海南自由贸易港,并对企业生产经营、人员、账务和财产等实施实质性全面管理和控制。对不符合实质性运营的企业,不得享受优惠。

海南自由贸易港鼓励类产业目录包括《产业结构调整指导目录(2019年版)》《鼓励外商投资产业目录(2019年版)》和海南自由贸易港新增鼓励类产业目录。上述目录在规定执行期限内修订的,自修订版实施之日起按新版本执行。

对总机构设在海南自由贸易港的符合条件的企业,仅就其设在海南自由贸易港的总机构和分支机构的所得,适用15%税率;对总机构设在海南自由贸易港以外的企业,仅就其设在海南自由贸易港内的符合条件的分支机构的所得,适用15%税率。具体征管办法按照税务总局有关规定执行。

自2020年1月1日至2024年12月31日,对在海南自由贸易港设立的旅游业、现代服务业、高新技术产业企业新增境外直接投资取得的所得,免征企业所得税。

2. 自贸试验区的税收优惠

中国(上海)自贸试验区临港新片区内从事集成电路、人工智能、生物医药和民用航空等关键领域核心环节相关产品(技术)业务,并开展实质性生产或研发活动的符合条件的法人企业,自设立之日起5年内减按15%的税率征收企业所得税。

案例 4-6

自贸区企业的企业所得税的税收优惠

居民企业明强公司主要从事集成电路产品的生产,产品拥有关键产品技术,投资主体在国内细分市场居于领先地位,技术实力在业内领先。2022年12月,在上海自贸试验区临港新片区新设立一家A企业,预计每年取得纳税所得额4 500万元。

要求:计算A企业未来5年应缴纳企业所得税税额。

【解析】未来5年共需缴纳企业所得税=4 500×15%×5=3 375(万元)

第三节 企业成长期的税收优惠

一、研发费用加计扣除的税收优惠

科技税收政策是落实国家创新驱动发展战略,服务企业创新发展的重要手段之一。企业研发费用加计扣除政策是覆盖面最广、受益企业最多的科技税收优惠政策。为进一步激励企业加大研发投入,特别是制造业企业研发投入,2021年3月24日国务院常务会议决定,将制造业企业研发费用加计扣除比例由75%提高至100%,允许企业自主选择按半年享受加计扣除优惠,上半年的研发费用由次年所得税计算清缴时扣除改为当年10月份预缴企业所得税时即可扣除。

制造业研发费用加计扣除的具体内容为:制造业企业开展研发活动中实际发生的研发费用,未形成无形资产计入当期损益的,在按规定据实扣除的基础上,自2021年1月1日起,再按照实际发生额的100%在税前加计扣除;形成无形资产的,自2021年1月1日起,按照无形资产成本的200%在税前摊销。这里的制造业企业,是指以制造业业务为主营业务,享受税收优惠当年主营业务收入占收入总额的比例达到50%以上的企业。2022年3月23日,《关于进一步提高科技型中小企业研发费用税前加计扣除比例的公告》(财税公告[2022]16号)规定,科技型中小企业开展研发活动中实际发生的研发费用,未形成无形资产计入当期损益的,在按规定据实扣除的基础上,自2022年1月1日起,再按照实际发生额的100%在税前加计扣除;形成无形资产的,自2022年1月1日起,按照无形资产成本的200%在税前摊销。

可见,我国政府用税收优惠机制激励企业加大研发投入,在着力推动企业以创新引领发展、推动产业结构升级、建设创新型国家等方面发挥了积极引导作用。抓住了科技创新,就抓住了牵动经济社会发展全局的"牛鼻子"。坚持创新发展,是近代以来世界发展历程,特别是总结我国改革开放成功实践得出的结论,是我们应对发展环境变化、增强发展动力、把握发展主动权,更好引领新常态的根本之策。

此外,对于会计核算健全、实行查账征收,并能够准确归集研发费用的居民企业委托境外进行研发活动所发生的费用,按照费用实际发生额的80%计入委托方的委托境外研发费用。委托境外研发费用不超过境内符合条件的研发费用2/3的部分,可以按规定在企业所得税前加计扣除。

案例 4-7

研发费用加计扣除的税收优惠

居民企业明强公司为高新技术企业,主要从事集成电路产品的生产,2022年

> 研究与开发费用为3 000万元,未形成无形资产。
> 要求:计算该项支出可以抵减的企业所得税额。
> **【解析】** 可以抵减的企业所得税额=3 000×(1+100%)×15%=900(万元)

二、固定资产加速折旧的税收优惠

企业新购进的固定资产,以不低于《企业所得税实施条例》规定的折旧年限的60%为最低折旧年限,可采用缩短折旧年限法、双倍余额递减法或年数总和法,实行加速折旧。

允许一次性计入当期成本费用,在计算应纳税所得额时扣除的固定资产主要包括以下三个方面:

(1) 单位价值不超过5 000元的,不再分年度计算折旧。企业在2013年12月31日前持有的单位价值不超过5 000元的固定资产,其折余价值部分在2014年1月1日以后可以一次性在计算应纳税所得额时扣除。

(2) 企业在2014年1月1日后新购进的专门用于研发的仪器、设备,单位价值不超过100万元的,允许一次性计入当期成本费用,在计算应纳税所得额时扣除,不再分年度计算折旧。

(3) 企业在2018年1月1日至2023年12月31日新购进的设备、器具,单位价值不超过500万元的,允许一次性计入当期成本费用,在计算应纳税所得额时扣除,不再分年度计算折旧。

三、购买符合条件设备的税收优惠

(一) 进口重大技术装备的税收优惠

从事开发、生产国家支持发展的重大技术装备或产品的制造企业,对于城市轨道交通、核电等领域承担重大技术装备自主化依托项目为主以及开发自用生产设备的企业,为生产《国家支持发展的重大技术装备目录》所列装备或产品而确有必要进口《重大技术装备和产品进口关件、原材料商品目录》所列商品,免征关税和进口环节增值税。

(二) 进口科学研究、科技开发和教学用品的税收优惠

科学研究机构、技术开发机构、学校等单位进口国内不能生产或者性能不能满足需要的科学研究、科技开发和教学用品,免征关税和进口环节增值税、消费税;对于出版物进口单位为科研院所、学校进口用于考研、教学的图书、资料等,免征进口环节增值税。

四、科技成果转化税收优惠

纳税人提供技术转让、技术开发和与之相关的技术咨询、技术服务免征增值税。居民

企业技术转让所得不超过500万元的部分,免征企业所得税;超过500万元的部分,减半征收企业所得税。

案例 4-8

科技成果转化的税收优惠

居民企业明海公司为高新技术企业,主要从事计算机软件技术开发和技术转让业务,近年盈利状况良好。公司拟在2023年1月承接工业自动化控制项目,并将研究成果转让给客户,该项技术开发及技术转让所得额为500万元。项目研究过程中,为解决技术配套问题,客户向华成公司购买计算机产品300万元(不含税),预计计算机产品销售成本和相关费用(不含税)180万元。假设华成公司当前不处于所得税优惠期,当年转让技术收入仅此一项,不考虑增值税和印花税。

要求:请为华成公司计算该项业务应缴纳的企业所得税。

【解析】技术转让及技术服务所得500万元免征企业所得税,公司只需对销售计算机产品的收入300万元按规定缴纳增值税和企业所得税。

应纳企业所得税＝(300－180)×15％＝18(万元)

五、科研机构创新人才的税收优惠

科技创新是一个国家和民族发展的不竭动力,为支持发展科研事业,国家对科研机构创新人才的税收优惠主要有以下六个方面。

(1)高新技术企业转化科技成果,给予本企业相关技术人员的股权奖励,个人一次缴纳税款有困难的,可根据实际情况自行制定分期缴税计划,在不超过5个公历年度内(含)分期缴纳。

(2)中小高新技术企业以未分配利润、盈余公积和资本公积向个人股东转增股本时,个人股东一次缴纳个人所得税确有困难的,可根据实际情况自行制定分期缴税计划,在不超过5个公历年度内(含)分期缴纳。

(3)获得符合条件的非上市公司股票期权、股权期权、限制性股票和股权奖励的员工,向主管税务机关备案,可实行递延纳税政策,即员工在取得股权激励时可暂不纳税,递延至转让该股权时纳税;股权转让时,按照股权转让收入减除股权取得成本以及合理税费后的差额,适用"财产转让所得"项目,按照20％的税率计算缴纳个人所得税。获得上市公司股票期权、限制性股票和股权奖励的个人,经向主管税务机关备案,个人可自股票期权行权、限制性股票解禁或取得股权奖励之日起,在不超过12个月的期限内缴纳个人所得税。

(4)依法批准设立的非营利性研究开发机构和高等学校从转化职务科技成果收入中给予科技人员的现金奖励,可以减按50％计入科技人员当月"工资薪金所得",依法缴纳个人所得税。

（5）企业或个人以技术成果投资入股到境内居民企业，被投资企业支付的对价全部为股票（权）的，投资人入股当期可暂不纳税，允许递延至转让股权时计算缴纳所得税。

（6）省级人民政府、国务院部委和中国人民解放军军以上单位，以及外国组织、国际组织对科技人员颁发的科学、技术方面的奖金，免征个人所得税。

第四节　企业成熟期的税收优惠

一、高新技术企业税收优惠

企业经过成长期发展，在市场站稳脚跟后积累了大量资金，在产业布局方面可以充分考虑进入高新技术企业，或兼并或新设。当集团内部既有高新又有非高新技术企业，可以形成税负落差，为调节税负提供可能。高新技术企业是国家重点支持的电子信息、生物与新医药、航空航天、新材料、高技术服务、新能源与节能、资源与环境、先进制造与自动化等领域内的企业，持续进行研究开发与技术成果转化，形成企业核心自主知识产权，并以此为基础开展经营活动，在中国境内（不包括港、澳、台地区）注册的居民企业。高新技术企业减按15%的税率征收企业所得税。

高新技术企业要经过认定管理机构的认定，认定流程主要包括填写并提交申请材料（一般为网上提交及纸质提交）、专家评审认定（会议及现场）、公示和备案。根据《高新技术企业认定管理办法》（国科发火［2016］32号）规定，国家需要重点扶持的高新技术企业，是指拥有核心自主知识产权，并同时符合以下八个条件的企业：

（1）企业申请认定时，须注册成立1年以上（365天）。

（2）企业通过自主研发、受让、受赠和并购等方式，获得对其主要产品（服务）在技术上发挥核心支持作用的知识产权的所有权。

（3）对企业主要产品（服务）发挥核心支持作用的技术属于《国家重点支持的高新技术领域》规定的范围。

（4）企业从事研发和相关技术创新活动的科技人员占企业当年职工总数的比例不低于10%。

（5）企业近3个会计年度（实际经营期不满3年的按实际经营时间计算，下同）的研究开发费用总额占同期销售收入总额的比例符合如下三点要求：第一，最近一年销售收入小于5 000万元（含）的企业，比例不低于5%；第二，最近一年销售收入在5 000万元至2亿元（含）的企业，比例不低于4%；第三，最近一年销售收入在2亿元以上的企业，比例不低于3%。其中，企业在中国境内发生的研究开发费用总额占全部研究开发费用总额的比例不低于60%。

（6）近1年高新技术产品（服务）收入占企业同期总收入的比例不低于60%。

(7) 企业创新能力评价应达到相应要求。

(8) 企业申请认定前一年内未发生重大安全、重大质量事故或严重环境违法行为。

可见,高新技术企业认定的创新能力主要从知识产权、科技成本转化能力、研究开发组织管理水平和企业成长性四个指标进行评价,只有得分在70分以上(不含)才为符合认定要求,否则不予认定。对于企业而言,高新技术企业的认定,将有效地提高企业的科技研发管理水平,提高企业核心竞争力,能为企业在市场竞争中提供有力的资助,极大地提升企业品牌形象。我国的高新技术企业认定政策是一项引导政策,目的是引导企业调整产业结构,走自主创新、持续创新的发展道路。企业要坚持创新,把发展基点放在创新上,通过创新培育发展新动力,激发企业自主创新的热情,提高企业科技创新能力,只有勇往直前地坚持创新,才能共谋发展,共创具有新时代中国特色的美好未来。

高新技术企业的认定

黄程公司是一家软件开发公司,于2021年5月成立。试问该企业于2022年3月是否可以申请高新技术企业?

【解析】《高新技术企业认定管理工作指引》(国科发火〔2016〕195号)对认定高新技术企业成立年限有明确规定,即"须注册成立一年以上"。这个规定是指企业须注册成立365个日历天数以上。因此,2022年3月,黄程公司成立时间不足365天,不可以申请高新技术企业。

二、技术先进型服务企业的税收优惠

技术先进型服务企业是国家为了扶持高端技术性服务业的发展,对从事技术外包、业务外包和知识外包服务的企业进行税收等多项政策支持的企业。技术先进型服务企业的特点包括:第一,主要依托自身平台,为政府和企业提供业务整体解决方案,关键是开展外包服务。第二,技术先进型服务企业的外向性特征很明显。

技术先进型服务企业的评定流程主要包括自我评定、注册登记、填写并提交申请材料(一般为网上提交及纸质提交)、专家评审认定(会议及现场)、公示和备案。经认定的技术先进型服务企业,减按15%的税率征收企业所得税,同时还会给予其他直接财政奖励、研发费用后补助、低成本融资、创新品牌、吸引人才、用地供给、资产折旧和企业上市等政策扶持。

三、软件企业税收优惠

(一) 软件企业的认定条件

软件是信息技术之魂、网络安全之盾、经济转型之辙、数字社会之基,软件产业正以其强大的技术创新力成为数字经济发展的"领跑团"。软件企业是指以计算机软件开发生产、系统集成、应用服务和其他相应技术服务为其经营业务和主要经营收入,具有一种以上由本企业开发或由本企业拥有知识产权的软件产品,或者提供通过资质等级认定的计算机信息系统集成等技术服务的企业。软件企业是以软件产品开发销售(营业)为主营业务的企业。为促进软件产业进一步发展,国家出台了一系列税收优惠政策。

(二)软件产品增值税的税收优惠

增值税一般纳税人销售其自行开发生产的软件产品(包括动漫产品)或将进口软件产品进行本地化改造后对外销售的,按13%的税率征收增值税后,对其增值税实际税负超过3%的部分实行即征即退优惠。

(三)软件企业的企业所得税税收优惠

国家鼓励的重点软件企业,自获利年度起,第一至第五年免征企业所得税,接续年度减按10%的税率征收企业所得税。国家鼓励的重点集成电路设计企业和软件企业清单由国家发展和改革委员会、工业和信息化部会同相关部门制定。

四、集成电路企业税收优惠

集成电路企业是指以单片集成电路、多芯片集成电路、混合集成电路制造为主营业务,同时符合条件的企业。为促进集成电路产业高质量发展,自2020年1月1日起,有关企业所得税优惠政策主要有三点:

(1)国家鼓励的集成电路线宽小于28纳米(含),且经营期在15年以上的集成电路生产企业或项目,第一至第十年免征企业所得税。国家鼓励的集成电路线宽小于65纳米(含),且经营期在15年以上的集成电路生产企业或项目,第一至第五年免征企业所得税,第六至第十年按照25%的法定税率减半征收企业所得税。国家鼓励的集成电路线宽小于130纳米(含),且经营期在10年以上的集成电路生产企业或项目,第一至第二年免征企业所得税,第三至第五年按照25%的法定税率减半征收企业所得税。国家鼓励的线宽小于130纳米(含)的集成电路生产企业纳税年度发生的亏损,准予向以后年度结转,总结转年限最长不得超过10年。

对于按照集成电路生产企业享受税收优惠政策的,优惠期自获利年度起计算;对于按照集成电路生产项目享受税收优惠政策的,优惠期自项目取得第一笔生产经营收入所属纳税年度起计算。国家鼓励的集成电路生产企业或项目清单由国家发展改革委、工业和信息化部会同相关部门制定。

(2)国家鼓励的集成电路设计、装备、材料、封装、测试企业和软件企业,自获利年度起,第一至第二年免征企业所得税,第三至第五年按照25%的法定税率减半征收企业所得税。国家鼓励的集成电路设计、装备、材料、封装、测试企业的条件由工业和信息化部会同相关部门制定。

(3)国家鼓励的重点集成电路设计企业,自获利年度起,第一至第五年免征企业所得税,接续年度减按10%的税率征收企业所得税。国家鼓励的重点集成电路设计企业和软件企业清单由国家发展改革委、工业和信息化部会同相关部门制定。

注：本章主要介绍的是国家针对创业就业主要环节和关键领域，按照企业初创期、成长期和成熟期三个周期，于2022年5月前已颁发实施的，并与创新创业、投资密切相关的高新技术领域、优先鼓励产业、重点支持项目和惠及民生等方面的税收优惠政策。鉴于篇幅，享受税收优惠政策的条件以及税收管理制度等内容未能编入，请到财政部、国家税务总局政府网站查询或向所在地国家税务机关咨询。

本章小结

我国针对创业就业主要环节和关键领域陆续推出多项税收优惠措施，覆盖了企业整个寿命周期，说明税收的本质是"取之于民，用之于民"，可以发挥宏观调控的作用。企业初创期的税收优惠事项有小微企业、重点群体创业就业、产业、地区以及对提供资金、非货币性资产助力的创投企业、金融机构等给与的税收优惠。小微企业、重点群体创业就业的税收优惠践行了人道主义精神以及社会责任意识。科技创新是一个国家和民族发展的不竭动力，税收优惠支持科技创新。只有勇往直前地坚持创新，才能共谋发展，共创具有新时代中国特色的美好未来。

成长期的税收优惠事项有研发费用加计扣除、固定资产加速折旧、购买符合条件设备、科技成果转化和科研机构创新人才的税收优惠。成熟期的税收优惠事项包括高新技术企业、技术先进服务企业、软件企业和集成电路企业税收优惠。

1. 税收优惠的形式有哪些？
2. 如何确认小微企业？小微企业可以享受企业所得税优惠政策的具体内容是什么？
3. 重点群体创业税收扣减有哪些内容？
4. 省级科技孵化器、省级大学科技园有哪些税收优惠？
5. 我国哪些产业和地区有税收优惠？
6. 制造业研发费用加计扣除的税收优惠政策的具体内容有哪些？
7. 固定资产加速折旧的具体税收优惠内容有哪些？
8. 技术开发和与之相关的技术服务免征增值税吗？
9. 高新技术企业的确认条件有哪些？
10. 不同线宽的集成电路生产企业在企业所得税税收优惠政策内容方面有哪些不同点？

第五章

创新创业企业税收筹划的基本方法和途径

  本章学习目的

学生通过本章学习,了解税收筹划可行性和实现的途径,理解税收筹划的内涵、原则,掌握税收筹划的基本方法和税收筹划应注意的问题,培养法律意识、诚信意识、风险意识和大局意识,注重勤勉乐群的美好品德和良好的职业道德的培养。

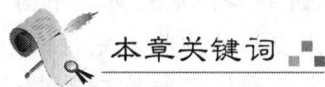 **本章关键词**

税收筹划　税收欺诈　可行性研究　纳税期递延　临界点　平衡点　成本效益

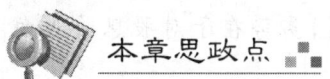 **本章思政点**

税收筹划与税收欺诈的区别　风险防范原则　税收筹划的途径　税收筹划应注意的问题

 **案例导入**

华为公司税收筹划的案例分析

华为公司是中国企业集团跨国经营取得成功的杰出代表,也为全球税务筹划提供了一个成功案例。2021年营业收入6 368亿元,净利润1 137亿元,其中,60%的营收来自海外。从华为报表数据分析出2021年华为的所得税实际税率不到12%,低于我国企业所得税税率25%,也低于我国高新技术企业优惠税率15%,处于较低的水平,华为的全球税务筹划非常成功。华为通过国际税务筹划实现企业自身综合收益最大化的经验,值得深入研究。

(一)华为全球税务筹划的基本信息

华为致力于全球经营战略,市场份额和收入大部分来自海外大型跨国公司,海外员工众多,涉及的税种已超出了所得税、流转税的范畴,对全球税务筹划进行总体筹划和切实执行是华为海外扩张的重大课题。

华为全球税务筹划的方法包括选择国际避税地、低税率国家、利用国际税收协定、调整资本结构和设立中间控股公司。

（二）国际避税地和低税率国家的选择

华为在荷兰、新加坡、中国香港地区、印尼、日本等国家和地区设立了设计、开发、生产、销售和投资等性质的子公司。

华为技术有限责任公司的注册地在荷兰，它是华为欧洲区域的控股公司，也是欧洲区域子公司的投资主体，欧洲区域各子公司的股息分派给该公司。华为技术有限责任公司具备进行税务筹划的条件主要有以下三个方面：

（1）广泛的税务协定。荷兰已同美国、英国、中国等近50个国家签订了全面税收协定，对丹麦、芬兰、英国、美国等国家股息预提所得税税率为零。

（2）欧盟成员国身份。荷兰作为欧盟成员国，可以享受欧盟法令的有利条款，欧盟内关联公司之间的利息和特许权使用费预提所得税率为零。

（3）居民公司税收优惠政策。荷兰税法规定，居民企业取得的股息和资本利得按35%的企业所得税课征，但对符合这一条件的外资部分所取得股息和资本利得按所占比例全额免征公司税。

此外，华为充分利用中国香港地区和新加坡的税收网络，进一步降低税负。中国香港地区作为避税地的优势在于无股息和资本利得税，且对来自海外的收入免税；距离中国内地近，相对容易建立商业实质，可满足税务局的商业实质认定和检查要求；劣势在于税收协议网络相对狭窄。新加坡作为避税地的优势在于整体税负低，对满足条件的企业提供丰富的税收优惠政策，税收协定网络广泛；劣势在于对股息收入免税的要求较高。

（三）子公司控股架构的设立

华为对子公司所得的设置，一般采用税后所得分配到有税收协定关系的所在国；税前所得分配到低税率管辖地区，并通过股权架构筹划有效降低税率。控股架构转换前，海外欧洲区域的各子公司如果将股息汇回国内，需要交纳10%的预提所得税；而通过控股架构的设置，增加了中间控股公司，欧洲区域子公司的预提所得降为零。

（四）资本结构的安排

华为通过对海外子公司借款的方式，使海外子公司享受到利息支出的抵税优惠，从而降低了公司的整体税负。华为海外子公司资本结构的调整带来了税负降低效应。

可以看出，华为作为跨国经营企业，深谋远虑！在布局业务的同时，也是其开展全球税务筹划的开始。

（资料来源：https://www.sohu.com/a/419433719.120065114）

问题：谈谈你对华为公司税收筹划案例的理解。

第一节 节税需要筹划

税务成本是创业企业的一项开支，节税有利于实现经济利益的最大化。纳税方案不同,税负不同。如果选择税负最轻且符合国家税收政策的纳税方案,可以降低税务成本。因此,创业企业都非常重视节税问题。要节税,就需要进行税收筹划。

一、税收筹划的概述

19世纪中叶,意大利出现的税务专家为纳税人提供税务咨询,包括为纳税人进行税收筹划。目前,税收筹划已成为一个成熟、稳定的行业,专业化趋势十分明显。在英国有60%以上的企业的纳税工作委托给税务代理人代为办理,日本则高达85%。英国的税收筹划咨询业年产值在1 000亿美元左右。

(一) 税收筹划的含义

税收筹划又称纳税筹划,是指纳税人在不违反国家法律、法规的前提下,为了实现企业价值最大化,通过对纳税主体在生产、经营、投资和理财等经济业务的涉税事项进行事先谋划,以实现优化纳税、减轻税负或延期纳税的一种财务管理活动。税收筹划的前提是不违背税法,税收筹划的目的是少缴或缓缴税款。企业进行税收筹划的目的是节税,而节税必须遵循一个基本前提,即税收筹划必须合法。在遵守税法前提下,节税是税收筹划的外在特征,也是税收筹划活动的本质。税收筹划主要发生在企业的生产、经营、投资和理财等经济业务发生之前,可以实现"业财税"的融合,说明税收筹划具有事前筹划性,即节税需要筹划。

案例 5-1

软件企业衡新公司成立于2020年1月,是一般规模纳税人。2022年5月,公司管理层决定于6月中旬购置一辆大众商用5人座轿车。经过市场调研,选取了有意向的两家供应商,一家为一般规模纳税人的大众汽车4S店;另一家为小规模纳税人的汽车销售公司。两家公司的报价均为20.6万元,均开具增值税专用发票。若不考虑印花税和增值税,请帮助衡新公司从税收筹划的角度选择供应商。

【解析】购买汽车前,需要预先进行车辆购置税的税收筹划,分别计算两种方案下的纳税义务,比较后选择相应的供应商。

方案一:汽车4S店购入。

应纳车辆购置税 = 206 000 ÷ (1 + 13%) × 10% = 18 230.09(元)

方案二:从汽车销售公司购入。

应纳车辆购置税 = 206 000 ÷ (1 + 3%) × 10% = 20 000(元)

与方案二相比,方案一少缴纳车辆购置税1 769.91元(20 000 − 18 230.09)。如果仅从节税的角度考虑,应选择方案一,即从汽车4S店购入汽车。

(二) 税收筹划与税收欺诈的区别

税收欺诈是指使用欺骗、隐瞒等违法的手段,故意违反现行的税收法律、法规,不缴或

少缴税款的违法行为,如欠税、骗税、逃税和抗税等。纳税筹划与税收欺诈有着本质区别,具体表现在:

第一,经济行为上。税收欺诈是对一项或多项实际已发生的应税行为部分或全部的否定,其行为是不合法、不合理的。比如,逃避缴纳税款是指纳税人有意识违反税收法规,不缴或少缴税款的行为。纳税筹划则只是在现行的税收法律和法规的框架下,对某项或多项应税行为进行事先合理合法的安排,其经济行为是合法合理的。

第二,行为性质上。税收欺诈的主要手段表现为纳税人通过故意地少报或隐藏有关的纳税情况和事实,达到不缴税或少缴税的目的,其行为具有明显的欺诈性。税收欺诈是公然违反税收法律法规,是与税收法律法规相对抗的违法行为。其行为的后果要受到国家法律的制裁。而纳税筹划则是在尊重法律的前提下,根据法律规定,结合纳税人实际经营情况来选择有利于自身的纳税安排。纳税筹划行为不触犯税收法律法规的禁止性条款,既不是违法行为,更不是犯罪行为。

第三,法律后果上。税收欺诈是属于法律上明确禁止的行为,因而一旦被征税机关查明事实,纳税人就要为此承担相应的法律责任,受到相应的法律制裁。而纳税筹划则是纳税人或其代理人充分尊重税收法律法规,熟悉税收法律法规条文,理解税法的精神,掌握纳税筹划技巧,才能达到合理合法减少税收的目的,无论是形式上还是内容上,其行为都是合法的。

(三)税收筹划的分类

税收筹划根据不同的评判标准,可以分为不同的类别。

1. 按企业不同的阶段分类

按企业不同的阶段对纳税筹划进行分类,可将税收筹划分为企业设立阶段的纳税筹划、企业筹资阶段的税收筹划、企业投资阶段的纳税筹划、企业采购阶段的税收筹划、企业生产阶段的纳税筹划、企业销售阶段的税收筹划、企业利润分配阶段的纳税筹划和企业重组阶段的税收筹划。

2. 按不同的税种分类

按不同的税种对纳税筹划进行分类,可将税收筹划分为增值税的纳税筹划、消费税的税收筹划、企业所得税的税收筹划、个人所得税的税收筹划、关税的税收筹划、资源税的税收筹划和土地增值税的税收筹划等实体税的税收筹划。

3. 按税收筹划的方法分类

按税收筹划的方法进行分类,可将税收筹划分为税基式税收筹划、税率式税收筹划、增加可抵扣税额式税收筹划和延迟纳税时间式税收筹划。

4. 按从事税收筹划的人员是否是企业内部人员分类

按从事税收筹划的人员是否是企业内部人员进行分类,可将税收筹划分为自身税收筹划与外包税收筹划。

(四)创业企业税收筹划的现实意义

1. 税收筹划有助于实现纳税人诚信纳税

纳税人要实现税收筹划,必须钻研财税政策,进行纳税方案的优化选择,提高政策水平,获取最大的税收收益,在潜移默化中强化纳税意识,实现诚信纳税。税收筹划的存在和发展为纳税人节约税收开支提供了合法的渠道,在客观上减少了企业税收违法的可能性。

2. 税收筹划有助于降低纳税成本

纳税成本是纳税人在纳税过程中发生的直接或间接方面的费用,既包括正常的税收成本,又包括咨询费用和办税费用等。纳税人往往通过税收筹划来减轻企业税收负担,降低企业纳税成本,实现节税的目的,从而增强企业竞争力。

3. 税收筹划有助于完善税收法律法规

国家的税收法律、法规、制度虽经不断完善,但在不同时期,仍可能存在覆盖面上的空白点和衔接上的间隙等。此外,税收筹划为投资者和纳税人提供了多种纳税选择方案;现行的会计核算、财务制度中,有些规定是有弹性的,不同的会计核算处理方法将形成不同的纳税方案。所有这些,都为进一步完善税收政策、法律法规提供了依据,使法律、法规的制定者及时了解税收法规和税收征管中不尽合理和不完善之处,起到了对税收法规的验证作用,进而推动依法治税的进程。

4. 税收筹划有助于增加国家财政收入

在国家税收政策减税降费有限的背景下,从短期来看,税收筹划会减少一定量的财政收入,但从长远和整体来看,企业通过纳税筹划取得的收入还是会用于社会再生产。随着创业布局的逐步合理、资源的进一步优化,企业经济效益进一步提高,在未来必然会增加国家财政收入。

二、创新创业税收筹划时应遵循的原则

纳税筹划虽然对征纳双方都有好处,但若使用失当,却有可能引出许多不必要的麻烦,问题严重时还可能给征纳双方带来经济负效应。创业企业一定要保持清醒的头脑,在开展税收筹划时,不能盲目跟从。

创业企业在纳税筹划实践中,应当遵循如下五个基本原则。

(一) 合法性原则

企业进行税收筹划,应该以现行税法及相关法律、国际惯例等为法律依据,要在熟知税法规定的前提下,利用税制构成要素中的税负弹性进行纳税筹划,选择最优的纳税方案。税收筹划的前提是要符合税法或者不违反税法的规定,这是纳税筹划区别于逃、欠、抗税的关键。

(二) 合理性原则

所谓合理性原则,主要表现在税收筹划活动中所构建的事实要合理。构建合理的事实要注意三个方面的问题:一是要符合行为特点,不能构建的事实无法做到,也不能把其他行业的做法照搬到本行业。二是不能有异常现象,要符合常理。三是要符合其他经济法规要求,不能仅从纳税筹划角度考虑问题。总之,构建筹划的事实要合情合理,更要从企业实际情况出发,所设计的方案一定要因时因地制宜,不能照搬照套。

(三) 科学性原则

创业企业纳税人必须在经济业务发生之前开展税收筹划,准确把握经济业务过程和经济业务环节涉及的税种、税收优惠以及税收法律、法规中存在的可利用的立法空间。掌握以上情况后,创业企业纳税人便可以利用税收优惠政策达到节税目的,也可以利用税收立法空间达到节税目的。由于纳税人的筹划行为是在具体的业务发生之前进行的,因而这些活动或行为就属于超前行为,需要具备科学意识才能进行。如果某项业务已经发生,相应的纳税结果也就产生了,税收筹划也就失去了其作用。

居民企业申达宾馆为一般纳税人,主营住宿服务、会场服务和餐饮服务等。2022年6月3~6日,会场服务不含税收入预计40万元,会场服务对应的进项税额为1.5万元。若仅考虑增值税和增值税附加税,请为宾馆的会场服务进行纳税筹划。

【解析】

方案一:仅提供会场租赁服务。

宾馆仅提供会场租赁服务,不再提供其他配套服务的情形下,提供的会场租赁服务属于不动产租赁服务,增值税税率为9%。

应缴纳增值税 = $40 \times 9\% - 1.5 = 2.1$(万元)

应缴纳增值税附加税 = $2.1 \times 12\%$① = 0.252(万元)

合计应纳税额 = $2.1 + 0.252 = 2.352$(万元)

方案二:提供会议展览服务。

酒店既提供场地租赁服务,又提供饮水、打扫等服务时,该服务为会议展览服务,一般纳税人按照6%的税率计税。如果会议服务还需提供含餐饮服务、住宿服务,应分别按照会议服务、餐饮服务、住宿服务计税。要注意的是,除了餐饮服务不得开具增值税专用发票,其他均可开具增值税专用发票。宾馆可以改变经营模式,通过转变服务的提供方式实现降低税率,将会场租赁服务改为会议展览服务,达到科学节税的目的。

应缴纳增值税 = $40 \times 6\% - 1.5 = 0.9$(万元)

应缴纳增值税附加税 = $0.9 \times 12\% = 0.108$(万元)

合计应纳税额 = $0.9 + 0.108 = 1.008$(万元)

与方案一相比,方案二的经营模式少缴税款1.344万元(2.352-1.008)。宾馆改变服务的提供方式,将会场租赁的不动产租赁服务转变为会议展览服务,缴纳增值税时适用的税率由9%降低为6%。当然本例中将增加会议服务人员,会增加用工成本。

---

① 本教材中增值税附加税率12%。其中,城市维护建设税税率为7%,教育费附加税率为3%,地方教育附加税率2%。

（四）经济性原则

任何一项筹划方案都有其两面性，随着某一项筹划方案的实施，纳税人在取得部分税收利益的同时，必然会为该筹划方案的实施付出额外的费用，以及因选择该筹划方案而放弃其他方案所损失的相应机会收益。当新发生的费用或损失小于取得的利益时，该项筹划方案才是合理的，当新发生的费用或损失大于取得的利益时，该筹划方案就是失败的方案。一项成功的税收筹划必然是多种税收方案的优化选择，我们不能认为税负最轻的方案就是最优的纳税筹划方案，一味追求税收负担的降低，往往会导致企业总体利益的下降。可见，税收筹划和其他财务管理决策一样，必须遵循成本效益原则，只有当筹划方案的所得大于支出时，该项纳税筹划才是成功的筹划。

（五）风险防范原则

企业进行税收筹划必须充分考虑其风险性。首先，是要防范未能依法纳税的风险。虽说企业日常的纳税核算是按照有关规定去操作，但是由于对相关税收政策精神缺乏准确的把握，容易造成事实上的偷逃税款而受到税务处罚。其次，不能充分把握税收政策的整体性，企业在系统性的纳税筹划过程中极易形成税收筹划风险。企业必须随时根据国家政策、经济环境及企业自身活动的不断变化，作出相应的调整，采取措施分散风险，争取尽可能多的税收收益。

三、企业实现税收筹划的可行性研究

创新创业者学习和研究税收筹划的内在动力是为了尽可能减轻税收负担，能否实现节税和企业整体利益最大化，关键是税收是否存在可以筹划的客观因素和筹划空间。

（一）纳税人自身状况

税法对每一个税种都有关于纳税人的规定，但事实上纳税人身份可以合理变通，这种变通可以使纳税人承担的税收负担减少，或者可以直接避免成为某些税种的纳税人。变通通常表现在以下三个方面。

1. 纳税人类型的选择

从纳税人类型的角度分析，我国有多种不同性质的纳税人。创业企业可以选择个体工商户、独资企业、合伙企业和公司制企业等类型。不同性质的纳税人所使用的税收政策存在较大差异，给税收筹划提供了广阔空间。例如，个体工商户、独资企业和合伙企业的经营所得，以每一纳税年度的收入总额减除成本、费用以及损失后的余额为应纳税所得额，计算缴纳个人所得税，不需要缴纳企业所得税。公司制企业按照税法要求需要就其经营利润缴纳企业所得税，若公司制企业对自然人股东实施利润分配，自然人还需要缴纳20%的个人所得税。

2. 不同纳税人之间的转化

不同纳税人之间的税负存在差异，因而采取转变纳税身份的办法可以合理节税。增值税的纳税人在征收增值税时，计算方法和征管要求不同。一般纳税人实行进项抵扣制，而小规模纳税人必须按照使用的简易计税方法计算缴纳增值税且不实行进项抵扣制。

3. 避免成为法定纳税人

通过纳税筹划安排,纳税人发生的经济业务不属于某些税的征税范围,该经济业务就无须纳税。例如,税法规定,房产税的征税对象是房产,房产是指有屋面和围护结构,能够遮风挡雨,可供人们在其中生产、学习等的场所;露天的停车场、室外游泳池则不属于房产税的征税范围,不需要缴纳房产税。纳税人在进行税收筹划时,可将停车场、游泳池等建成露天的,并且把这些建筑物的造价同厂房和办公用房等分开,在会计中单独核算,从而避免将停车场作为房产税的征税范围。

(二) 税收优惠政策

纳税人可以充分利用税收优惠政策,依法节税。例如,对于免税优惠,纳税人应考虑以下操作技巧:第一,在合法合理的前提下,尽量争取多的免税待遇。与缴纳税收相比,免征的税收就是节约的税收,免征的税收越多,节约的税收也越多。第二,在合法、合理的情况下,尽量使免税期最长化。许多免税都有期限规定,免税期越长,节约税收越多。

(三) 会计准则规定

不同的会计政策必然会形成不同的财务结果,也必然会导致不同的税收负担。会计准则中对经济业务核算方面的规定存在选择性,如存货计价方法可以有先进先出法和加权平均法;固定资产折旧可以有直线法和加速折旧法等。因此,创新创业者总是在合法的前提下,选择有利于税后收益最大化的会计政策组合模式。

总之,税收筹划是一项必须兼顾企业生产、经营、投资和理财等多方面因素的综合课题。税收筹划者必须客观分析影响税收筹划的各个因素的特点,设计出合理、合法、可以操作的税收筹划方案。一个成功的税收筹划能为企业带来不可预估的价值。

第二节 企业税收筹划的基本方法

在现实的经济活动中,合理的税收筹划能有效降低企业税收成本,提高企业经营业绩,但由于市场上有许多不确定因素,使纳税筹划存在一定风险。为了更好地提高收益,创业企业需要对税收筹划的风险进行有效防范。创业企业纳税筹划的基本方法主要包括税收优惠政策、会计政策、临界点和税负平衡点税收筹划方法。

一、税收优惠政策纳税筹划方法

税收优惠政策筹划的方法主要包括以下两方面。

(一) 直接利用筹划法

直接利用税收优惠政策为企业的生产经营活动服务,纳税人对税收优惠政策利用得越多,越有利于国家特定政策目标的实现。对于纳税人直接利用税收优惠政策进行筹划,国家是支持与鼓励的。

案例 5-3

增值税先征后退的税收优惠政策

莱科公司为软件生产企业，是增值税一般纳税人。2022年5月销售100万元（不含税）自行开发的软件产品，该项销售业务产生13万元的应纳增值税税额。

要求：计算该项业务的实际税负率。

【解析】增值税一般纳税人销售其自行开发生产的软件产品，按照13%的税率申报缴纳增值税，税款缴纳入库后，对其增值税实际税负超过3%的部分可以申请退税，纳税人可以享受增值税先征后退的政策。公司增值税税负为13%（13÷100×100%），对超过3%的部分返还，即退还10万元[100×（13%－3%）]，公司实际缴纳增值税3万元（13－10），增值税税负为3%（3÷100×100%）。

（二）创造条件筹划法

在有些情况下，企业或个人的很多条件符合税收优惠规定，但因为个别条件不符合而不能享受优惠待遇；或者企业可能根本就不符合税收优惠条件，无法享受优惠待遇。这时，纳税人就得想办法创造条件使自己符合税收优惠规定或者通过挂靠在某些能享受税收优惠待遇的企业或产业、行业，使自己符合优惠条件，从而享受优惠待遇。

案例 5-4

居民企业森美公司主要从事电梯配件产品生产，适用企业所得税税率25%，年从业人数50人，资产总额1 200万元，2022年12月预计2022全年应纳税所得额为301万元。请为森美公司的企业所得税进行纳税筹划。

【解析】方案一：2022年应纳税所得额为301万元。

2022年，森美公司预计应纳税所得额为301万元，大于300万元，不符合小型微利企业确认条件，不能享受小型微利企业税收优惠政策。

应缴纳企业所得税＝301×25%＝75.25（万元）

税后利润＝301－75.25＝225.75（万元）

方案二：2022年应纳税所得额调整到300万元。

2022年，森美公司少取得一部分收入或者增加一部分支出，将应纳税所得额降至300万元。森美公司是生产企业，从业人数为50人，小于300人，资产总额为1 200万元，小于3 000万元，应纳税所得额正好等于300万元，森美公司符合小型微利企业的全部条件，可以享受小型微利企业的税收优惠。

应缴纳企业所得税＝100×12.5%×20%＋（300－100）×25%×20%＝12.5（万元）

税后利润＝300－12.5＝287.5（万元）

> 可见,方案一的税前所得比方案二的税前所得多1万元,方案一为此要多缴纳企业所得税62.75万元(75.25-12.5),最终导致方案一比方案二少获利。所以应当选择方案二,将应纳税所得额控制在不超过300万元。

纳税人在利用税收优惠政策进行税收筹划时,需要注意以下两个方面:

第一,注重对优惠政策的综合衡量。税法提供的税收优惠是多方面的,纳税人不能仅考虑一个税种。要着眼于整体税负的轻重,要有大局意识,从各种税收优惠方案中选出最优的方案。

第二,注重投资风险对资本收益的影响。税收优惠是通过为纳税人提供一定税收利益实现的,许多税收优惠政策的实施是与纳税人的投资风险并存的。例如,发展高新技术往往投资额大,回收时限长,而且失败的可能性较大。国家对此实行税收鼓励可以起到诱导的作用,但投资者不等于就可以"十拿九稳,只盈不亏"。资本效益如果不落实,再好的优惠政策也不能转化为实际收益。

二、会计政策纳税筹划法

在存在多种可供选择的会计政策时,选择有利于税后收益最大化的会计政策组合模式,是税收筹划的基本规律。

(一) 分摊筹划法

对于一项费用,如果涉及多个分摊对象,分摊依据不同会造成分摊结果不同;对于一项拟摊销的费用,如果摊销期限和摊销方法不同,摊销结果也会不同。分摊或摊销的会计处理会影响企业损益和资产计价,进而影响企业税负。分摊(摊销)技术涉及的主要会计事项有无形资产摊销、固定资产折旧、存货计价方法和间接费用的分摊等。

创业企业生产经营中存在诸多不确定因素,一些项目往往不能精准计算,只能加以估计。因此,在会计核算中,对尚在延续中、其结果未确定的交易或事项需要估计入账。这种会计估计会影响计入特定时期的收益或费用,进而影响企业的税收负担。

估计技术涉及坏账估计、存货减值估计、固定资产折旧年限估计、固定资产净残值估计和或有损失估计等。只有已经实现的损益才能予以确认和计量,并作为计税依据。控制损益实现的期间和进度,对于企业税负有着极为关键的影响。涉及的主要会计事项包括:①资产发生贬值、损失及时确认;②合理的费用支出充分列支;③税前允许扣除的项目应足额扣除;④在各种收益的确认过程中,应控制其实现条件,在合适的会计期间确认入账。

(二) 纳税期递延筹划法

纳税期递延筹划法是指在合法的情况下,使纳税人延期缴纳税款而节税的纳税筹划方法。一般而言,税收法规中有关递延纳税的条款以及规定项目越多,纳税人税收筹划的内容也就越丰富,节税的潜力就越大。

1. 递延项目最多化

在合法的情况下,尽量争取更多的项目延期纳税。在一定时期应纳税款总额相同的情况下,延期纳税的项目越多,本期缴纳的税款就越少,现金流量也越大,可用于扩大流动资本和进行投资的资金也越多,因而,相对节减的税收就越多。

2. 递延期最长化

在合法的情况下,尽量争取的纳税递延期最长化,在一定时期应纳税款总额相同的情况下,纳税递延期越长,由延期纳税增加的现金流量所产生的收益越多,因而相对节约的税收也越多。

需要指出的是,使用税收递延技术,要注意该企业是不是处于税收优惠期内或者亏损。因为,在税收优惠期本来就减免税费,当期亏损无需纳税,亏损还可以用未来利润抵减,此时如果考虑税收递延将得不偿失。

三、临界点纳税筹划法

(一) 临界点税收筹划法的含义

临界点纳税筹划法是指纳税人在经营中遇到税收临界点时,通过减收入或增支出的方式,避免承担较重的税负的方法。例如,房地产开发中关于土地增值税的税法规定,纳税人建造普通标准住宅出售,增值额未超过扣除项目金额20%的,免征土地增值税;增值额超过扣除项目金额20%的,应就其全部增值额按规定计税。这里"20%的增值额"就是我们常说的"临界点"。根据临界点的税负效应,可以进行税收筹划。如果房地产开发企业建造的普通标准住宅出售的增值率预测在20%的临界点之上,此时有两条途径利用临界点纳税筹划。第一,考虑适当控制出售价格。当销售收入下降了,在可扣除项目金额不变时,增值率自然会降低。当然,这会带来另一种后果,即导致收入的减少,此举是否可取,需要比较减少的收入和控制增值率减少的税金支出的大小,权衡得失作出选择。第二,考虑增加可扣除项目金额。例如,增加房地产开发成本、房地产开发费用等,使商品房的质量进一步提高。但是,在增加房地产开发费用时,应注意税法规定的比例限制,开发费用的扣除比例不得超过取得土地使用权支付的金额和房地产开发成本之和的10%。

我国现行税法中税基存在临界点,税率分级存在临界点,优惠政策分等级也有临界点。因此,临界点税收筹划法的应用比较普遍。

(1) 税率分级临界点。例如,个人所得税的七级超额累进税率、土地增值税的四级超率累进税率,都是典型的税率临界点,可以对其进行筹划节税。

(2) 税基临界点。税基临界点筹划技术主要是寻找关键点税基。由于税基相对于临界点的变化会引起税负的巨大差别,即临界点的边际税率出现递增或递减的变化态势。筹划的聚焦点在于临界点,税基临界点主要有免征额、起征点和扣除限额。

(3) 优惠政策分等级临界点。优惠临界点筹划主要着眼于优惠政策所适用的前提条件,只有在满足前提条件的基础上才能适用于税收优惠政策。一般优惠临界点包括三种情况:一是绝对数额临界点。二是相对比例临界点。三是时间期限临界点。例如税法规定,出借的包装物押金时,凡是超过1年没有收回包装物的,不论押金是否退还,一律按照所包装产品的税率计算缴纳增值税。所以,企业出借的包装物要注意时间期限临界点,避免增加税收负担的风险。

(二)临界点税收筹划法的运用

使用临界点进行纳税筹划的建议:首先,要关注税率的跳跃点。其次,要充分了解新颁布的税收政策。财务人员在学习新颁布的税收政策时,要关注政策变化、政策的筹划空间、政策适用条件、政策的有效期限。最后,企业利用临界点筹划法中除了要把握临界点,还应重视财务制度和账簿设置,尽量降低临界点附近的不确定性,降低面临潜在的税收风险。

四、税负平衡点筹划法

(一)税负平衡点筹划法的含义和步骤

税负平衡点筹划法是指根据两种纳税方案的税负平衡点寻找最佳纳税方案的方法。税负平衡点筹划法的基本步骤包括:

第一步,设置衡量税负平衡点的变量。
第二步,设置两套纳税方案。
第三步,建立模型,令两套纳税方案的税负相等。
第四步,计算出变量值。
第五步,依据实际值与变量值的比较,判定两种纳税方案的优劣。

(二)税负平衡点筹划法案例

案例 5-5

税负平衡点的税收筹划

森华卷烟生产企业为一般规模纳税人,该企业于2018年成立。2022年12月,准备将生产的香烟进行对外销售,现有两种销售方案:

方案一,不设立批发企业,企业直接对外销售卷烟,卷烟不含税销售价格为36 000元/箱。

方案二,设立独立核算的成明批发企业,甲卷烟企业卖给成明批发企业不含税销售价格为27 000元/箱,成明批发企业对外销售卷烟,卷烟的不含税销售价格为36 000元/箱。

请对森华卷烟生产企业销售卷烟进行纳税筹划。

【税收政策】

卷烟消费税税率,如表5-1所示。

表 5-1　卷烟消费税税率表

项 目	税 率	纳税环节
（1）甲类卷烟（价格≥17 500元/标准箱）	56%加150元/标准箱	生产环节
（2）乙类卷烟（价格≤17 500元/标准箱）	36%加150元/标准箱	生产环节
（3）批发环节	11%加250元/标准箱	批发环节

【案例解析】

方案一：卷烟直接以36 000元/标准箱的价格对外销售卷烟，价格大于17 500元/标准箱，为甲类卷烟。

卷烟生产企业每箱卷烟应缴纳的消费税＝36 000×56%＋150＝20 310(元)

方案二：设立批发企业。

卷烟生产企业每箱卷烟应缴纳的消费税＝27 000×56%＋150＝15 270(元)

卷烟批发企业每箱卷烟应缴纳消费税＝36 000×11%＋250＝4 210(元)

生产和批发企业每箱卷烟共应缴纳的消费税＝15 270＋4 210＝19 480(元)

方案二比方案一每箱卷烟少缴纳消费税830元(20 310－19 480)/标准箱，选择方案二对企业有利。

卷烟生产企业可以通过建立卷烟消费税平衡点模型，计算转让给乙批发企业价格降低到何种程度，设立批发企业的消费税整体税负与不设立批发企业的消费税整年税负相同。

第一步，卷烟生产企业不设立批发企业应缴纳的消费税 T_1，则

$T_1 = 36\,000 \times 56\% + 150 = 20\,310(元)$

第二步，假设 R 为卷烟生产企业转让给批发企业的价格占对外售价的比例，T_2 为应缴纳的消费税。

$T_2 = 36\,000 \times 56\% \times R + 150 + 36\,000 \times 11\% + 250 = 20\,160 \times R + 4\,360$

令 $T_2 = T_1$

$20\,160 \times R + 4\,360 = 20\,310$

计算出平衡点 $R = 79.11\%$

结论：

（1）当卷烟生产企业转让给批发企业的价格为对外售价的比例为79.11%时（即 $R = 79.11\%$），卷烟生产企业不设立批发企业与设立批发企业应缴纳的消费税相等，卷烟生产企业既可以设立批发企业又可以不设立批发企业。

（2）当卷烟生产企业转让给批发企业的价格为对外售价的比例大于79.11%时（即 $R > 79.11\%$），卷烟生产企业设立批发企业整体消费税税负大于不设立批发企业消费税税负，卷烟生产企业不应当设立批发企业。

（3）当卷烟生产企业转让给批发企业的价格为对外售价的比例小于79.11%

时（即 $R<79.11\%$），卷烟生产企业设立批发企业整体消费税税负小于不设立批发企业消费税税负，卷烟生产企业应当设立批发企业。

验算：

$R=27\,000\div36\,000\times100\%=75\%<79.11\%$，卷烟生产企业设立批发企业整体消费税税负低，与筹划结论相同。

第三节　企业实现税收筹划的途径

创新创业者可以充分利用好国家所颁布的区域税收优惠、行业税收优惠、高新技术企业税收优惠和小微企业税收优惠等政策来进行税务筹划，达到减少纳税人的纳税额、降低税收负担、实现企业利益或股东利益最大化的目的。

一、企业实现税收筹划的途径

通常情况下，创新创业者实现税务筹划的途径有三种，即创业团队自己进行税收筹划、聘请税务筹划顾问进行税务筹划和通过专业的税务筹划平台进行税务筹划。

（一）创业团队自己进行纳税筹划

创新创业者在创业的初期，由于组织规模小，业务相对简单，考虑节省费用，创新创业者可能会自己（或者创业团队）进行税收筹划。这种税务筹划方式所需要的成本低，但税务筹划的专业要求较高，要求团队成员具有丰富的税法、财务管理等专业知识，要有勤勉乐群的美好品德和良好的职业道德，才能防控涉税风险。

（二）聘请税务筹划顾问进行税务筹划

聘请税务筹划顾问进行税务筹划解决了创业企业工作人员专业技能不够的局限。但是，聘用这些专家要花费的成本不会低，并且这些专家可能对企业的实际经营状况了解得不到位，在筹划方案时出现问题，或者制定了筹划方案，在实施时有一定风险。

（三）通过专业的税务筹划平台进行税务筹划

创业企业可以选择成熟的第三方税务筹划平台进行纳税筹划。第三方税务筹划平台拥有专业的税务筹划团队，接触过各种税务状况，有很多节税成功案例，知道该如何为创业企业定制其最需要的税务筹划方案。对创业企业而言，这也是一个选择，但要支付高额的服务费。

二、企业税收筹划时应注意的问题

(一) 系统考虑税收影响

税收筹划应从总体上进行考虑,不能仅仅关注个别税种税负的高低,必须着眼于纳税人整体税负的轻重,不仅要使企业整体税负最低,还要避免在税负降低的同时,造成销售利润下降。另外,在进行税收筹划时,不能仅考虑某一时期纳税最少的方案上,而应考虑纳税人的总体发展目标,要有大局意识,选择有助于企业发展,能增加企业整体收益的方案。节税须为企业的整体利益和长远利益让路,毕竟相对于增加企业综合经济效益而言,节税只是一条途径。

(二) 进行成本效益分析

在税收筹划过程中,必须考虑到所有成本,应进行成本及效益分析。企业进行税收筹划,最终目标是实现合法节税、增收,使企业整体收益最大化,因此,要考虑投入与产出的效益。税收负担的减轻并不等于企业整体利益最大化,纳税最少的方案并不一定是利益最大化的方案。企业在进行税收筹划时,不能只从税收角度考虑,还应结合自身业务的发展。如果税收筹划所产生的收益小于税收筹划成本,税收筹划就没有任何意义。

(三) 关注税收法律的变化

税收筹划是在特定的法律背景下进行的,有一定的局限性。随着法律法规的调整与变化,应及时得到税务部门的认可。同时,企业应尽早获取国家对相关税收政策调整或新政策出台的信息,及时调整税收筹划方案,尽量降低风险,趋利避害,争取最大的收益。

(四) 正视税收筹划的风险性

税收筹划与经济环境、国家政策及企业自身活动的不断变化有关,应注意风险的防范。在企业税收筹划中,除了全面学习税收法规,密切保持与税务部门的联系与沟通显得很重要。因此,任何纳税主体在进行税收筹划时,不但要掌握税收筹划的基本方法,还必须了解征税主体对其税收筹划行为的认定和判断。

总之,税收筹划过程中要有法律意识、诚信意识、风险意识和大局意识,具有诚实守信、勤勉乐群的美好品德和良好的职业道德,是做好税收筹划的前提。

本章小结

税收筹划是指纳税人在不违反国家法律、法规的前提下,为了实现企业价值最大化,对纳税主体在生产、经营、投资和理财等经济业务的涉税事项进行事先谋划,以实现优化纳税、减轻税负或延期纳税的一种财务管理活动。税收筹划与税收欺诈的经济行为、行为性质和法律后果不同。税收筹划应遵循合法性、合理性、科学性、经济性和风险防范等原则。由于创业企业的纳税人自身状况可以调整、税收优惠政策的存在、会计准则的规定具有选择性,所以实现纳税筹划是可行的。

创业企业常用的税收筹划方法有税收优惠政策筹划法、会计政策筹划法、纳税递延筹划法、临界点筹划法和税负平衡点筹划法等。创新创业者实现税务筹划的途径有三种,即创业团队自己进行纳税筹划、聘请税务筹划顾问进行税务筹划和通过专业的税务筹划平台进行税务筹划。税收筹划应系统考虑税收影响、进行成本效益分析、关注税收法律的变化和正视纳税筹划的风险性等问题。税收筹划过程中要有法律意识、诚信意识、风险意识和大局意识,具有诚实守信、勤勉乐群的美好品德和良好的职业道德,是做好纳税筹划的前提。

思考题

1. 什么是税收筹划?税收筹划与税收欺诈有何区别?
2. 创业企业在税收筹划的实践中应当遵循哪些原则?
3. 创业企业有实现税收筹划的可行性吗?为什么?
4. 税收优惠政策筹划的方法有哪些?
5. 以产业企业为例,说明如何运用纳税期递延进行税收筹划。
6. 如何运用税负平衡点筹划法?
7. 税收临界点筹划方法运用时,应注意哪些问题?
8. 创业企业实现税收筹划的途径有哪些?
9. 创业企业税收筹划时,有哪些注意事项?
10. 税收筹划的风险有哪些?

第六章

创新创业企业设立与税收筹划

 本章学习目的

本章主要内容是创业企业设立法律流程、选址策略和技巧、生存管理与设立环节的纳税筹划。学生通过本章的学习,了解不同企业法律组织形式之间的区别、创业企业注册的程序与步骤、企业选址的影响因素,理解企业设立业务中企业组织形式和增值税纳税人身份的税收筹划,熟练运用抵扣率和增长率的结论进行增值税纳税人身份的选择,促进依法诚信纳税与社会责任意识相融合,培养精益求精的工匠精神,进一步激发爱国热情和制度自信。

 本章关键词

组织形式　注册登记　选址策略　增值率　抵扣率　无差别平衡点

 **本章思政点**

个体工商户　选址策略　选择就业人员　简易计税办法

 案例导入

PLM 国际有限公司从合伙制转变为公司的决策

1972 年,PLM 国际有限公司(Professional Lease Management,Inc.)成立,它是由几位企业家创设的。他们以购买和租赁交通设备为目的发起一个私人有限合伙制企业,创立了一家子公司,名为"金融服务有限公司",作为各个合伙制企业的一般合伙人。PLM 取得了一定的成功,在 1981—1986 年至少组建了 27 家公共合伙制企业。每个合伙制企业建立后就购买和租赁交通设备给交通公司,如飞机、卡车、挂车、集装箱和火车等。

在美国《1986 年税制改革法案》颁布前,PLM 通过它的合伙制企业取得了巨大的成功,成为美国最大的设备租赁公司之一。由于合伙制企业不同于公司,不需交纳企业所得税,所以合伙制对于高税收阶层很有吸引力。合伙制企业成立后实行"自我变现",即所有的剩余现金都分配给合伙人,没有进行再投资。PLM 的成功取决于创造了由于加速折旧而产生的避税的现金流量和投资税收抵免。但是,《1986 年税制改革法案》对有限合伙制企业的避税产生了破坏性的影响。税制改革从根本上降低个人所得税税率,取消了投资税收抵免,缩短折旧年限,同时建立了一个选择性最小税率。新的税法导致 PLM 不得不考虑不同组织形式的设备租赁企业。实际上,企业所需的是有利其潜在增长和多元化机会,而不是完全基于避税的一种企业组织形式。

1987 年,PLM 在现已破产的 Drexel Burnham Lambert 投资银行的建议和帮助下,结束了合伙制,并同意将合伙制企业转变为一个新的伞型公司,称为 LM 国际有限公司。LM 国际有限公司通过大量的法律操作,发布公告称多数合伙制企业同意合作组建公司。1988 年 2 月 2 日,PLM 的普通股开始在美国证券交易所交易,每股价格约 8 美元。

虽然 PLM 转变为股份公司,但它的业绩并不好。1997 年 10 月 16 日,它的股票交易价格仅为每股 5 美元。

转变成为一个公司的决策是复杂的,存在许多有利和不利之处。PLM 认为其联合组建交通设备租赁公司的理由包括:①为未来增长提高融资能力,包括权益资本和债务资本;②有利于未来再投资于有利可图的投资机会;③通过发行股票上市交易,提高投资者的资产流动性。

上述联合组建公司最好的理由给 PLM 新股东带来的潜在利益超过了组建公司所产生的双重征税这一不利之处。但是,并非所有的原 PLM 的合伙制企业都愿意转变为股份公司。有时,要决定一个企业的最佳组织形式是合伙制还是公司制并非易事。

(来源:MBA 智库文档,网址:https://doc.mbalib.com/view/0554ab53264ed39f467b79d9f8f4779f.html)

问题:PLM 从合伙制转变为股份公司的决策所起到的作用有哪些?

第一节 企业设立的法律流程

创业者在开办新企业之前,应该了解创业企业设立的一般流程。一般而言,创业企业设立流程如下:第一步,选择合适的企业组织形式;第二步,登记注册,包括企业名称登记、市场监督管理局注册登记和其他登记备案事项。

一、企业法律组织形式的选择

初创企业可采用不同的组织形式,如创业者个人独立创办的个人独资企业、由创业者团队创办的合伙制企业、以法人为主体的有限责任公司或股份有限公司。无论选择怎样的形式,都必须根据国家的法律法规要求和初创企业的实际情况,科学地衡量各种组织形式的利弊,选择合适的组织形式。

(一)个体工商户、个人独资企业和有限合伙企业

1. 个体工商户

个体工商户是指公民在法律允许的范围内,经工商行政管理机关核准登记,从事工商

业经营的个体劳动者。个体工商户是一种我国特有的公民参与生产经营活动的形式,是个体经济的一种法律形式。

个体工商户业主只需一个人或一个家庭,人数上没有过多限制,注册资本也无数量限制,开办手续比较简单。业主只需要有相应的经营资金和经营场所,到工商部门办理登记手续即可。个体工商户还可以根据自己的需要起字号。在经营上,由于全部资产属于自己所有,决策程序比较简单,不受他人制约。利润分配上,所获得的利润归个体工商户。个体工商户对其所负债承担无限责任,即个体工商户个人经营的,以个人财产承担;家庭经营的,以家庭财产承担。个人经营的工商个体户,其个人财产与家庭财产难以区分的,应以家庭财产承担债务的清偿责任。

截至2021年年底,全国登记在册个体工商户已达1.03亿户,占市场主体总量的2/3。为营造公平竞争的市场环境,政府建立了个体工商户服务体系,包括政策、信息、咨询、用工和融资等专门服务。受疫情影响,个体工商户复工复产和正常经营都受到较大冲击。为贯彻落实习近平总书记关于统筹推进新冠肺炎疫情防控和经济社会发展工作的重要指示精神,按照国务院常务会议部署,市场监管总局会同有关部门共同制定了《关于应对疫情影响加大对个体工商户扶持力度的指导意见》,加大对个体工商户扶持力度,这一举措充分体现了社会主义制度的优越性。

2. 个人独资企业

个人独资企业是指依照《中华人民共和国个人独资企业法》在中国境内设立,由一个自然人投资,全部资产为投资人个人所有,投资人以其个人财产对企业债务承担无限责任的经营实体。它是一种很古老的企业形式,具有个人出资、个人经营、个人自负盈亏和自担风险的典型特征。

个人独资企业在业主数量与注册资金上与个体工商户相似,但设立手续比个体工商户要复杂,需要有合法的企业名称、投资人出资、固定的生产经营场所、必要的生产经营条件和从业人员。在经营决策与利润分配上与个体工商户相似,决策程序简单,利润归出资人,同时承担无限责任,即个人独资企业是由投资人以其个人财产对企业债务承担无限责任,如设立登记时明确以其家庭共有财产作为个人出资的,应当依法以家庭共有财产对企业债务承担无限责任。

案例 6-1

个人独资企业的法律责任

2014年3月25日,某养殖场因资金流转需要,向张某借款20万元,并向张某出具收款收据,双方未约定还款期限。某养殖场系贾某于2013年12月17日设立的个人独资企业。2015年9月5日,贾某与阮某就某养殖场签订《转让协议书》,约定贾某将某养殖场的全部资产转让给阮某,以清偿贾某对阮某的债务,某养殖场所有债权债务由阮某承担。2015年9月8日,经市场监督管理部门核准,某养殖场投资人变更为阮某。2017年9月,张某向法院起诉,请求某养殖场偿还借款20万元及利息,阮某和贾某对以上债务承担补充连带责任。

【解析】法院经审理认为,该养殖场收到张某借款,依法应偿还借款本金和利息。关于债务承担主体应如何确定的问题,《中华人民共和国个人独资企业法》第三十一条规定,个人独资企业财产不足以清偿债务的,投资人应当以其个人的其他财产予以清偿。某养殖场系个人独资企业,案涉借款本息应由某养殖场以企业财产清偿,不足部分由现在的投资人阮某以其个人的其他财产予以清偿。但因案涉借款产生于某养殖场转让之前,故贾某仍应对现投资人和企业不能清偿的债务承担补充责任,贾某承担责任后,可根据转让协议的约定向阮某追偿。法院遂支持了张某的诉讼请求。

(资料来源:https://zhuanlan.zhihu.com/p/393534699)

3. 有限合伙企业

有限合伙企业是指依法在中国境内设立的由各合伙人订立合伙协议共同出资、合伙经营、共享收益和共担风险,并对合伙企业债务承担无限连带责任的营利性组织。我国《合伙企业法》规定,有限合伙企业是由普通合伙人和有限合伙人组成,普通合伙人对合伙企业的债务承担无限连带责任,有限合伙人以其认缴的出资额为限对合伙企业债务承担责任。

(二)有限责任公司和股份有限公司

公司是由股东出资形成,以营利为目的,依法设立,独立从事生产经营活动,依法享有民事权利,承担民事责任,并以其全部财产对公司的债务承担责任的企业法人,它是现代社会中最主要的企业形式。创业者选择公司制作为企业组织形式最主要的原因是其仅以股东所持股份或出资额为限对公司承担有限责任。公司制企业存在双重纳税问题,即公司盈利要上缴公司所得税,创业者作为股东还要上缴企业投资所得税或个人所得税。我国的公司一般有股份有限公司和有限责任公司两种类型。

1. 有限责任公司

有限责任公司的股东以其认缴的出资额为限对公司承担责任,公司以其全部资产对公司的债务承担责任。创业者设立有限责任公司,除了要有固定的生产经营场所和必要的生产经营条件,还应当具备下列条件:

(1)股东符合法定人数。根据我国《公司法》第2条规定有限责任公司由50位以下股东出资设立。

(2)股东出资。当前,除了法律、行政法规以及国务院决定对特定行业注册资本最低限额另有规定的,可以"一元钱办公司",股东可自主约定出资方式和货币出资比例,对于高科技、文化创意、现代服务业等创新型企业可以灵活出资。

(3)股东共同制定公司章程。法律要求有限责任公司的章程应当载明的事项包括公司名称和住所、经营范围、注册资本,股东的姓名或者名称,股东的权利和义务,股东的出资方式和出资额,股东转让出资的条件,公司的机构及其产生的办法、职权、议事规则,公司的法定代表人,公司的解散事由与清算办法,股东认为需要规定的其他事项。

2. 股份有限公司

股份有限公司是指公司资本为股份所组成的公司,股东以其认购的股份为限对公司承担责任的企业法人。设立股份有限公司要有公司名称、组织机构、固定的生产经营场所以及必要的生产经营条件。此外,根据我国《公司法》规定,成立股份有限公司还应当具备下列条件:

(1) 发起人符合法定人数。设立股份有限公司,应当有 2 人以上 200 人以下为发起人,其中须有半数以上的发起人在中国境内有住所。

(2) 发起人认缴和募集的股本达到法定资本最低限额。股份有限公司的注册资本为在公司登记机关登记的全体发起人认购的股本总额。

(3) 股份发行、筹办事项符合法律规定。

(4) 发起人制订公司章程,采用募集方式设立的须经创立大会通过。

总之,不同组织形态的企业存在不同的成立条件和承担责任形式等不同特征。

(三) 分公司和子公司

子公司是一个独立企业,具有独立的法人资格。它是指被另一家公司(母公司)有效控制的下属公司或者是母公司直接或间接控制的一系列公司中的一家公司。分公司是指受总公司管辖的分支机构。子公司与分公司的区别表现为:

(1) 主体资格不同。子公司具有法人资格,依法独立承担民事责任;分公司不具有法人资格,其民事责任由总公司承担。

(2) 纳税不同。分公司是不具有法人资格的营业机构,其应纳税所得额要汇总到总公司缴纳企业所得税,子公司具有独立法人资格,单独计算企业所得税应纳税额,在注册地纳税。

二、创新创业企业注册登记流程

企业从事经营活动,必须到市场监督管理局办理登记手续,领取营业执照。国家工商总局企业注册局已开通企业登记全程电子化系统(试运行),申请人可以通过该系统办理企业设立、变更、备案和注销登记业务。

公司成立之前,创业者需要确定公司组织形式、公司名称、股东出资比例、注册地址、经营范围、公司章程、法定代表人和注册资本等核心构成要素。

企业办理注册登记手续一般分八个步骤。

1. 核准企业名称

注册公司要进行公司名称审核,即查名。创业者需要填写《企业名称预先核准申请书》,向县级以上人民政府市场监督管理部门进行公司名称注册申请,同时申办人需提供法人和股东的身份证复印件,并提供 2~10 个企业名称,写明经营范围和出资比例。企业名称要符合规范,根据 2021 年 3 月 1 日施行的《企业名称登记管理规定》(国务院令第734 号),企业名称的格式如下:

企业名称=行政区划名称(县级以上地方行政区划)+字号(两个字以上)+行业或者经营特点+组织形式

企业名称应当冠以企业所在地的省（包括自治区、直辖市）、市（包括州）或县（包括市辖区）的行政区划名称。例如，企业名称"常州市智慧众创空间有限责任公司"中，"常州市"就是行政区划，指代企业所在地的省（包括自治区、直辖市）或县（市辖区）的行政区划名称；"智慧"是字号，字号是该设立的企业区别于其他企业的标志，是企业形象的一种代表；"众创空间"为行业特征，是依照国家行业分类标准划分的类别，代表着该企业生产、经营或服务的范围或特点；"有限责任公司"是企业的组织形式。企业名称预先核准申请书，如表5-1所示。

表6-1 企业名称预先核准申请书

申请企业名称	
备选企业名称 （请选用不同的字号）	1.
	2.
	3.
经营范围	许可经营项目：
注册资本（金）	
企业类型	
住所所在地	
指定代表或者委托代理人	
指定代表或委托代理人的权限： 1. 同意□不同意□核对登记材料中的复印件并签署核对意见； 2. 同意□不同意□修改有关表格的填写错误； 3. 同意□不同意□领取《企业名称预先核准通知书》。	
指定或者委托的有效期限	自 年 月 日至 年 月 日

注：1. 手工填写表格和签字请使用黑色或蓝黑色钢笔、毛笔或签字笔，请勿使用圆珠笔。
2. 指定代表或者委托代理人的权限需选择"同意"或者"不同意"，请在□中打√。
3. 指定代表或者委托代理人可以是自然人，也可以是其他组织；指定代表或者委托代理人是其他组织的，应当另行提交其他组织证书复印件及其指派具体经办人的文件、具体经办人的身份证件。

第1页

投资人姓名或名称	证照号码	投资额（万元）	投资比例	签字或盖章
填表日期			年 月 日	
指定代表或者委托代理人、具体经办人信息	签 字：			
	固定电话：			
	移动电话：			
（指定代表或委托代理人、具体经办人身份证明复印件粘贴处）				

注：1. 投资人在本页表格内填写不下的可以附纸填写。
2. 投资人应当对第1、2两页的信息进行确认后，在本页盖章或签字。自然人投资人由本人签字，非自然人投资人加盖公章。

第2页

2. 网上申领营业执照，线下交件

在当地市场监督管理部门的官网填写公司注册申请信息，市场监督管理部门对企业提交的相关材料进行审查，一般需要在5个工作日内作出是否准予登记的决定。

企业线下向市场监督管理部门提交相关的材料。提交的材料一般有公司章程、企业名称预先核准通知书、法人和全体股东的身份证、公司经营场所证明复印件（房产证或租赁合同）、前置审批文件或证件和生产性企业的环境评估报告等，市场监督管理部门给予营业执照受理通知单，登记机关在收件后需要对申请文件和材料核实的，在受理之日起15日内作出是否准予登记的决定；登记机关作出准予登记决定的，企业携带受理通知单在10日内到登记机关注册大厅领取营业执照。

3. 备案公司用章

携带营业执照原件、法定代表人身份证原件，到公安局指定刻章点进行刻章备案；法定代表人不能亲自到场领取的，还需携带一份由法定代表人亲自签字或盖章的"刻章委托书"前往领取。印章包括公章、财务章、合同章、发票章和法定代表人名章。在刻章阶段，一般需要1～2个工作日的时间。

4. 税务报到

公司领取营业执照后要进行税务报到，在税务报到过程中，我们需要确定税种和公司信息补充。创业者在取得营业执照后，需要到税务部门进行税务报到，确认公司的税种和税目等。在公司正常开展经营活动后，如是小规模纳税人企业的话，则以1个季度为纳税申报周期；若是一般纳税人企业的话，则以1个月为纳税申报周期，每月的1～15日内需要对上月业务进行纳税申报。

5. 开设银行基本存款账户

初创企业可根据自己的具体情况选择开户银行，预约银行开户，领取银行开户许可证，设立银行基本存款账户。开户银行应提供的材料包括营业执照正本、公司公章、法定代表人章、财务专用章、法定代表人身份证、税务登记证正本等。不同地区的税务要求不同，有些地区银行开户和税务报到可同时进行。

6. 签订三方协议

初创企业完成税务报到后，携带银行开户许可证、营业执照副本原件和复印件、公章、财务章、法定代表人章，分别与税务局、基本户开户行签订三方协议。之后，创业者就可以实现电子化缴税了。

7. 申请控税和发票

如果企业要开发票，需要申办税控器，参加税控使用培训，核定申请发票。申请完成后，企业就具备开发票的资格了，配备电脑和针式打印机就可以开发票了。

8. 社保开户

公司注册完成后，需要在30天内到所在区域管辖的社保局开设公司社保账户，办理《社保登记证》及CA证书，并分别和社保、银行签订三方协议。之后，社保的相关费用会在缴纳社保时自动从银行基本户里扣除，税务局会通过银行主动从该基本账户中扣税。

需要指出的是，如初创企业的经营范围中涉及特种行业许可经营项目，则需要提前办理特许申请并准予后，才可以继续注册程序。特种行业是指工商服务业中内容复杂，容易被犯罪分子利用而需要进行特殊管理的行业。其具体的行业范围依国家和历史时期的不同而不同。

第二节 企业选址的技巧

一、企业选址的重要性

企业选址是指如何运用科学方法决定企业设施的地理位置,使之与企业的整体经营运作系统有机结合,以便有效、经济地达到企业经营目的。选址是企业进行实际投入运营前的重要一步,选址的决策问题通常会影响到企业的投资收益、运营成本、税收政策优惠、销售渠道、竞争力、资源利用以及持续发展等多个方面。缺乏考虑的选址会导致企业的运营成本偏高、劳动力缺失、销售渠道不畅、物流成本过高、在行业中丧失竞争优势等问题出现。

新企业选址的重要性可以从以下四个方面去理解:

第一,地址选择的实质是对市场定位的选择。地址的选择决定了客流量的多少、顾客购买力的大小、顾客的消费结构、企业对潜在顾客的吸引程度以及企业竞争力的强弱等。地址选择的实质是对市场定位的选择,选址适当,能吸引大量顾客,生意自然就会兴旺。

第二,地址的选择是制订经营战略的重要依据。经营战略及目标的确定,要考虑所在区域的社会环境、地理环境、人口、交通状况及市政规划等因素。按目标顾客的构成及需求特点,才可以确定相应的经营战略及目标和不同的促销策略。选址不同,导致经营方向、产品构成和服务水平不同,从而产生不同的经济效益。如果不考虑企业周围的市场环境及竞争状况,仅凭直观经验为企业选取地址,将存在很大的风险。

以门店为例,选择店铺位置之前,首先要明确自己的经营范围和经营定位。如果经营的是日化、副食等快速消费品,就要选择在居民区或社区附近;如果经营的是家具、电器等耐用消费品,就要选择在交通便利的商业区。此外,还要考虑自己的目标消费群体,是主要面向普通大众消费群体,还是主要面向中、高阶层消费群体。企业选址总的原则就是要选择能够接近较多目标消费群体的地方。通常情况下,大多数店铺选择在人流量比较大的街区,特别是当地商业活动比较频繁、商业设施比较密集的成熟商圈。

第三,地址的选择是企业的一项长期性投资。当外部环境发生变化时,企业的地址不能像人、财、物等其他经营要素一样随时作为相应的调整,它具有长期性、固定性的特点。对企业地址的选择要作详细而多方位的深入调查,需要综合权衡,妥善规划和选择。

第四,企业地址选择反映了企业服务理念。地址选择要以便利顾客为首要原则,要从节省客户的购买时间和交通费用的角度出发,最大限度地满足客户的需要,否则就会失去客户的信赖和支持,也就失去了存在的基础。企业要树立用户思维,科学选择,以便更好地服务客户。

二、影响企业选址的主要因素

影响企业选址的主要因素包括产业基础、产业要素、区位交通、经济水平、政策支持、履约能力、土地条件和自然条件。

（一）产业基础

产业基础是企业发展的市场环境，产业竞争、产业链上下游供需、市场空间和市场机遇等环境是投资企业最关键的要素。企业可以从以下几个方面考量所属产业基础是否雄厚：①企业数量及规模以上企业数量，评估竞合关系；②所处产业的产值占区域总产业产值的比重，关注市场空间；③产业链集聚情况，上游供应商数量及供给能力、下游消费市场企业数量及消费能力等。

（二）产业要素

产业要素是涉及企业生产硬性成本的关键指标，是企业选址的重要因素。企业选址要考虑的产业要素主要有：①土地获取的难易度、获取成本、可获得的体量。②水、电、气的单位价格，尤其是能耗大的产业，对生产要素价格极为敏感。③人才供给数量与人才层次。对于劳动力密集型产业，人才供给能力是企业选址的关键点；对于技术密集型产业，高端人才的供给和吸引力成为决定企业选址的重要因素。

（三）区位交通

区位交通是一个地区或园区发展最根本的依托。交通运输便捷、通行能力强的地方往往成为企业区位选择的关注重点，这些交通运输便捷的地方具有发达的交通物流和通信网络技术的支持。除了城市或园区内道路通畅、道路等级、道路通行能力、交通设施建设情况以及该区域同外部区域的交通便捷性，还应考虑以下因素：①航空方面，重点考虑机场等级、吞吐量、航线数量及频次等因素。②铁路方面，主要考虑是否有高铁、途经火车线路、货运场站吞吐量、车次等因素。③公路方面，主要考虑是否有交通管制（如物流大货车限行）、与高速和国道的距离等因素。④水路方面，主要考虑是否有港口、吞吐量、港口口岸级别和装船方式等因素。

（四）经济水平

经济实力是地区未来发展的保证。经济实力强的地区产业发展的可持续性可以得到保障，可以为产业发展提供良好的配套或者基础设施。因此，经济水平被看作选址所在城市综合能力的指标，表征了企业外部综合发展环境。经济水平基础衡量指标包括 GDP、人均 GDP、人均可支配收入、地方政府财政收入等"宏观经济"指标项。另外，还要特别关注"城镇人口数量"，因其可以反映出城市是否具有吸引力，消费力是在导入还在导出。除了考虑上述指标的现状，还要研究其近 3 年的经济增长状况，由此判断市场发展的潜力。

（五）政策支持

政策支持牵涉多方行政监管部门，企业在选址阶段很难充分了解。总体来说，企业在选址阶段可重点关注产业发展政策、人才政策、土地政策、税收政策以及财政扶持政策。

(六) 履约能力

各地招商竞争白热化、招商政策透明化,项目落地后,地方政策无法承兑之前合约的案例层出不穷,致使企业利益无法兑现。企业在选址时,对政府的履约能力主要考察地方财政实力、政府服务和决策人更替三大要素。

(七) 土地条件

土地条件是企业进行生产活动的基础,需重点关注土地属性、土地可获得性、建设条件和用地成本等四大要素:①土地属性是重点,面积、形状和平整度;②土地可获得性,土地利用总体规划、拆迁、未来可扩张空间;③建设条件主要考虑地形、水文地质、高压线走向、市政道路和河流走向等内容;④用地成本主要考虑各类土地的价格。

(八) 自然条件

自然条件对于项目具有基础性影响。自然条件需重点关注环境质量和自然灾害两大要素。

三、企业选址的基本步骤

创业企业选址主要有三个基本步骤,即准备工作、现场调查和制定方案。

(一) 准备工作

准备工作包括组织准备和技术准备。组织准备是指成立一个专门的创业企业选址工作小组,主要成员由投资策划方组织相关的工程技术人员、系统设计人员和财务核算人员构成。技术准备是指根据拟新建仓库的任务量大小和拟采用的储存技术、作业设备,对仓库需占用的土地面积进行估算。调查了解仓库所处地区的自然环境、协作条件、交通运输网络、地震、地质、水文和气象等资料。

(二) 现场调查

现场调查的主要任务是具体考察拟建创业企业地点的实际情况,为提出选址报告提供第一手资料。此环节中要围绕选址目的收集相关资料,多方实地勘察环境流程、交通运输、周围环境,市场资源状况,走访相关部门了解咨询有关政策规定,为制定方案打下基础。

(三) 制定方案

在掌握各种详细情况的基础上,结合现场实际提出各种方案,分析利弊,请专家及相关人员进行评估。对各方案进行比较和充实,实施可行性研究,经过反复论证,最终制定出选址的最佳方案。

案例 6-2

星巴克的选址策略分析

一、星巴克的基本情况

星巴克(Starbucks)是美国一家连锁咖啡公司的名称,1971年成立,为全球最大的咖啡连锁店,其总部坐落美国华盛顿州西雅图市,是世界领先特种咖啡的零售商、烘焙者和星巴克品牌拥有者。当前公司已在北美、拉丁美洲、欧洲、中东和太平洋沿岸 37 个国家拥有超过 20 000 家咖啡门店,拥有员工超过 117 000 人,其开店扩张能力之强,绝不亚于老牌的连锁企业"麦当劳"等,其特有的选址策略为企业迅速扩张占领市场提供了强有力的支持。

二、星巴克门店位置选址策略分析

(一)街角的选择

星巴克会衡量当地的平均受教育水平、平均家庭规模、平均收入水平、在待选门店约 200 米的范围所经过的汽车数量、日间和夜间人口比例,以及很多其他数据。星巴克按照选址准则,将自己当成人们日常生活必经之路上无法绕过的障碍,而不是让人们改变平素习惯的生活轨迹。这一策略使星巴克选址都尽可能实现最高的可见度,按照对星巴克发展有重要作用的鲁宾菲尔德的解释就是,对路人来说"赫然入目",于是星巴克最理想的选址就是"两条主路的交叉路口"的街角的位置。

(二)门店要在车行道的右侧

如果朝着市中心的方向驾车行进,就会注意到几乎沿路经过的所有星巴克店都是位于右手方向,这是为什么呢?星巴克开店部门很早就已认识到,要想在拥堵的交通中左转停到星巴克门前是件费时费力的事情,若是出来之后再次左拐掉头回到原方向,这次调头会使人感到可能违反交通规则而对星巴克望而却步。将每家门店都开在驾车人的右手方向,会让客户入店消费,在购买拿铁咖啡时更方便。

(三)选择相关邻店

在美国本土,星巴克为什么喜欢把咖啡店的选址定在音像店或是干洗店旁边?因为这会使星巴克门店潜在顾客的接触面翻一倍,如干洗店顾客通常得往返两次,先是把东西放下,之后再来取一次。因此,每次潜在顾客前来租借影碟,就可能有两次机会购买星巴克。

此外,星巴克选址策略还包括注重有效客流,找到聚客点;明确目标客户,以受过高等教育的中高收入人群为目标对象;重视可视性,橱窗就是最好的招牌;注重交通便利性,有流量才有更多的销售机会;集中式开店,降低配送成本;开店的成熟环境很重要,能给星巴克带来长期稳定的收益。

(资料来源:https://www.sohu.com/a/150264136_466446)

【解析】 从上述的案例可以看出,如何选择好的店铺位置是店铺经营者所面临的首要问题。

在成立一家公司的过程中,在哪里注册、选择哪种身份注册、设立时间、设立地点、设立时的员工数、开办费需要多少、需要准备多少启动资金等,任何一个细节的优化都可能为企业带来相应的利益,因此,在这个过程中,要发扬"精益求精"的工匠精神,注重细节,考虑越周全,越精益求精,越能给国家、企业和个人带来利益。

第三节 企业设立环节的税收筹划

一、企业设立环节的企业所得税筹划

（一）企业纳税人主体的企业所得税筹划

创业企业在设立时，需要事先估计一下全年应纳税所得额。如果全年应纳税所得额在小型微利企业临界点附近，需要进行企业所得税筹划，避免多缴纳企业所得税。

小型微利企业适用的实际税率较低，因此，小型企业在设立时应认真规划企业的规模和从业人数。当企业的规模较大或人数较多时，可考虑设立两个或多个独立的纳税企业，从而分散企业的人数、资产规模和应纳税所得额，享受小型微利企业的税收优惠，以减轻税收负担。

（二）企业组织形式的企业所得税筹划

企业在投资设立时要考虑税收因素，因为不同的企业组织形式、税收因素对企业税后利润的影响是不一样的。同时，企业在不断地发展，为了扩大规模必定不断地进行再投资，成立众多的分支机构，所以，我们设立企业及企业在发展过程当中往往有多种组织形式可供选择。

1. 子公司和分公司的选择

子公司和分公司计算缴纳企业所得税的方法存在差异，为纳税人提供了企业所得税筹划的空间。

案例 6-3

子公司和分公司的企业所得税税收筹划

小刘同学设立的创业公司选址南京，公司为居民企业，企业所得税率为25%，主要开展汽车零配件销售业务，现拟在上海拓展汽车修理和运输两项新业务，预计2023纳税年度南京公司本部将实现利润1 000万元，上海运输劳务实现利润100万元，修理劳务亏损150万元，企业所得税税率为25%。现面临两项选择：方案一，全资设立两家独立子公司（小微企业），分别经营修理和运输劳务。方案二，设立两家分公司，分别经营修理和运输劳务。请问，小刘同学应如何筹划？

【解析】方案一：全资设立两家独立子公司（小微企业），分别经营修理和运输劳务。

公司本部应纳所得税＝1 000×25%＝250（万元）

> 运输子公司应纳企业所得税=100×12.5%×20%=2.5(万元)
> 修理子公司由于当年亏损150万元,该年度无须交纳企业所得税。
> 母子公司整体税负=250+2.5=252.5(万元)
> 方案二:设立两家分公司分别经营修理和运输劳务。
> 当年应交企业所得税=(1 000+100-150)×25%=237.5(万元)
> 显而易见,方案一的税负大于方案二的税负。
> 税负差额=252.5-237.5=15(万元)
> 因此,本案例中,小刘同学应选择设立两家分公司,分别经营修理和运输劳务,企业所得税税负低,可获得节税收益。

设立子公司与设立分公司的节税利益孰低孰高并不是绝对的,它受到国家税制、纳税人经营状况及企业内部利润分配政策等多种因素的影响,这是投资者在进行企业内部组织结构选择时必须加以考虑的。

需要补充的是,企业选择组织形式的筹划过程中,要融入动态税收筹划的思想。例如,在生产经营初期设立分公司或者常设机构,等到生产经营正常化后,再改设为子公司。因为在设立初期,其产生亏损的概率极大,运用分公司或常设机构形式进行生产经营活动,可以用其产生的亏损冲减总公司利润,减少总公司的应纳税额。生产经营出现盈利后,将分公司改设成子公司,可以充分利用国家对新建企业的税收优惠政策进行筹划。总机构与分支机构存在税收优惠时,如果子公司能享受的优惠优于母公司,分支机构应设立为子公司;反之,则设立为分公司。因此,在实际税收筹划中,一定要综合考虑。

2. 个人独资企业与有限责任公司的选择

个人独资企业没有企业所得税,自2019年1月1日起,我国对个体工商户、个人独资企业、负担的生产经营所得按照5%~35%的超额累进税率缴纳个人所得税,并于每年3月31日前进行年度汇算清缴申报。一般来讲,在收入相同的情况下,个人独资企业、有限责任公司的税负是不一样的,有限责任公司的税负最重。

案例6-4

> **个人独资企业与有限责任公司的所得税税收筹划**
>
> 小陈同学准备创业,主要经营奶茶的销售。企业组织形式有两种,即成立个体工商户或者独资有限责任公司。预计2023年应税所得额为120万元,若独资有限责任公司能够享受税法关于小型微利企业普惠性所得税减免政策,请问王先生该如何选择?
>
> 【解析】方案一:设立个人独资企业。
> 根据年度经营所得个人所得税税率表,可以计算个人所得税应纳税额。
> 个人所得税应纳税额=120×35%-6.55=35.45(万元)

方案二：有限责任公司。

设立的独资有限责任公司，符合小型微利企业确认条件，能够享受税法关于小型微利企业普惠性所得税减免政策。

企业所得税应纳税额＝100×12.5%×20%＋(120－100)×25%×20%＝3.5(万元)

王先生个人分配股息＝120－3.5＝116.5(万元)

个人所得税应纳税额＝116.5×20%＝23.3(万元)

两税合计＝3.5＋23.3＝26.8(万元)

显然，方案一成立个人独资企业比设立有限责任公司多缴税。本案例建议小陈同学注册有限责任公司。

要指出的是，设立独资有限公司可以实现公司法人财产和股东个人财产的分离，股东以认缴的出资额为限承担有限责任，而个人独资企业的投资人以其个人资产对企业承担无限责任。与设立个人独资企业和个体工商户相比，大大降低了投资的风险。设立独资有限公司还可以使个人的社会信用获得更多的商业机会。

总之，选择个人独资企业与有限责任公司的组织形式时，应综合权衡企业的经营风险、经营规模、管理模式及筹资额等因素。

3. 个体工商户与个人独资企业的选择

通过成立个人独资企业，进行税务筹划是常用的合法节税手段之一。

案例6-5

个体工商户与个人独资企业个人所得税税收筹划

2022年，陈明和妻子准备创业，开设一家销售空调并进行空调的维修和安装工作的公司，准备以个体工商户的组织形式申领营业执照。预计全年销售空调的应纳税所得额为110万元，安装维修空调的应纳税所得额为14万元。若采用查账征收方式征收所得税，请为陈明夫妇进行税收筹划。

【解析】方案一：以个体工商户的组织形式申领营业执照。

全年应纳所得税＝124×35%－6.55＝36.85(万元)

根据《国家税务总局关于落实支持小型微利企业和个体工商户发展所得税优惠政策有关事项的公告国家税务总局公告》(国税[2021]第8号)的规定，对个体工商户经营所得年应纳税所得额不超过100万元的部分，在现行优惠政策的基础上，再减半征收个人所得税。个体工商户不区分征收方式，均可享受。

全年预缴个人所得税＝(110＋14)×35%－6.55＝36.85(万元)

申请退还应减免的税款＝(100×35%－6.55)×(1－50%)＝14.225(万元)

实际缴纳税款＝36.85－14.225＝22.625(万元)

> 方案二：成立两个个人独资企业。
>
> 若陈明和妻子成立两个个人独资企业，陈明发展安装销售空调，妻子负责销售空调。假设全年的应纳税所得额不变。
>
> 陈明全年应纳个人所得税＝110×35％－6.55＝31.95(万元)
>
> 陈明妻子全年应纳个人所得税＝14×20％－1.05＝1.75(万元)
>
> 陈明夫妻二人实际缴纳个人所得税款＝31.95＋1.75＝33.7(万元)
>
> 方案一的税负比方案二小，故建议陈明和妻子以个体工商户的组织形式申领营业执照。

（三）企业设立业务中投资地区选择的企业所得税筹划

我国经济发展不平衡，因此，对有些地区给予了不同的税收优惠政策，为企业进行注册地点选择的税收筹划提供了空间。企业在设立之初或扩大经营进行投资时，可以选择低税负的地区进行投资，享受税收优惠的好处。因为存在地区税率差别，对同一企业来说，注册在不同的地点会适用不同的税率，注册地点的选择对企业的税费支出会产生很大的影响。

（四）企业设立业务中就业人员选择的企业所得税筹划

税法中有一些鼓励就业的减免税税收优惠政策，在企业组建初期，合理规划就业人员、合理选择就业人员类型的比重可以达到筹划企业所得税的目的。这些减免税优惠政策主要包括民政部门举办的福利生产企业的税收优惠政策，鼓励安置城镇待业人员、自主择业的军队转业干部及随军家属、下岗人员、残疾人员的税收优惠政策等。

企业在安排在职人员时需要考虑的其他因素很多，对就业人员的筹划并不是企业考虑的唯一方面。企业履行对社会就业的责任是企业应尽的义务，有时因履行就业的社会责任提高了知名度，促进了业务活动的开展。有时虽然因短期内承担社会责任而减少了收益或增加了成本开支，但从长期来看，有利于企业的发展。但是，如果由于企业履行社会责任增加了太多的负担，特别是对于一些经济效益不好的企业，会雪上加霜，直接影响到企业的发展。因此，对于有些非法律或非强制性的社会责任，企业可量力而行，综合考虑各个方面的因素，使企业能够更好地节税。

二、企业设立业务中的增值税税收筹划

根据我国《增值税暂行条例》及其实施细则的规定，增值税纳税人分一般纳税人和小规模纳税人。增值税纳税人分类的基本依据是纳税人的会计核算是否健全或年应税销售额。这主要是为了适应纳税人经营管理规模差异大、财务核算水平不一的实际情况。对于增值税纳税人身份的选择，一般通过比较相同情况下，企业分别作为一般计税方法纳税人和简易计税方法纳税人身份时净利润的高低来确定。在销售价格、货物成本和期间费用保持不变的情况下，可以利用增值税的无差别平衡点增值率和抵扣率来判断税负高低。纳税人的增值税税收筹划上，内容主要包括两个方面：一般计税方法纳税人与简易计税方

法纳税人身份的选择。第二,还可以考虑避免成为增值税纳税人。

(一) 增值税纳税人身份的选择

两类纳税人的税收待遇有所不同。一般来说,一般计税方法纳税人采用一般计税方法,可以领购和使用增值税专用发票,凭借发票进行进项税额抵扣;简易计税方法纳税人采用简易计税方法,不得使用增值税专用发票进行进项税额抵扣。税收政策的差异客观上使得一般计税方法纳税人和简易计税方法纳税人在计税方法适用税率以及发票使用等方面存在诸多差异,这些差异的存在为增值税纳税人通过选择不同的纳税人身份进行税收筹划提供了可能性。

1. 增值率

增值率被定义为产品或劳务的增值额与产品或劳务成本的比率,其中,增值额是产品或劳务的售价与成本的差额。增值率一般介于0~1之间。增值税是对增值额征税,不同的企业商品及劳务的价值增值情况不尽相同,如有的企业是高新技术企业,其产品的增值率很大,很小一部分的投入就能带来很大的产出;而有的企业是劳动密集型企业,技术含量有限,其产品的增值率不高。在一般计税方法纳税人与简易计税方法纳税人进行税负比较时,增值率就是一个关键因素。在一个特定的增值率下,一般计税方法纳税人与简易计税方法纳税人应缴的税款数额相同,这个特定的增值率称为无差别平衡点增值率。当增值率低于此值时,一般计税方法纳税人的税负低于简易计税方法纳税人;当增值率高于此值时,一般计税方法纳税人的税负高于简易计税方法纳税人。

无差别平衡点增值率可分为含税销售额无差别平衡点增值率与不含税销售额无差别平衡点增值率。

1) 不含税销售额无差别平衡点增值率

当增值率低于无差别平衡点增值率23.08%[①]时,一般计税方法纳税人的税负低于简易计税方法纳税人,即作为一般计税方法纳税人可以节税。当增值率高于无差别平衡点增值率23.08%时,一般计税方法纳税人的税负高于简易计税方法纳税人,即作为简易计税方法纳税人可以节税。企业可以按照本企业的实际购销情况,根据以上标准作出选择。

一般计税方法纳税人销售发生税率为9%或6%的商品或者应税行为与简易计税方法纳税人销售征收率为3%的商品或者应税行为的无差别平衡点抵扣率,如表6-2所示。

表6-2 无差别平衡点不含税销售额增值率表

一般计税方法纳税人税率	简易计税方法纳税人征收率	无差别平衡点增值率
13%	3%	23.08%
9%	3%	33.33%
6%	3%	50%

---

① 无差别平衡点不含税销售额增值率为23.08%计算时,小规模纳税人简易计税方法运用法定增值税征收率为3%。

2) 含税销售额无差别平衡点增值率

当增值率低于无差别平衡点增值率 25.32% 时,一般计税方法纳税人的税负低于简易计税方法纳税人,即作为一般计税方法纳税人可以节税。当增值率高于无差别平衡点增值率 25.32% 时,一般计税方法纳税人的税负高于简易计税方法纳税人,即作为简易计税方法纳税人可以节税。企业可以按照本企业的实际购销情况,根据以上标准作出选择。同理,可计算出一般计税方法纳税人销售发生税率为 9% 或 6% 的商品或者应税行为与简易计税方法纳税人销售征收率为 3% 的商品或者应税行为的无差别平衡点增值率,如表 6-3 所示。

表 6-3 无差别平衡点含税销售额增值率表

一般计税方法纳税人税率	简易计税方法纳税人征收率	无差别平衡点增值率
13%	3%	25.32%
9%	3%	35.28%
6%	3%	51.46%

需要说明的是,关于无差别平衡点含税销售额增值率的计算过程隐含了一个假设条件,即企业作为一般纳税人,所有的进项税均可抵扣销项税,并且进项税额的税率与一般计税方法纳税人税率是一致的。企业在现实的经营过程中,由于各种原因,其增值税进项税并不是总能全部予以抵扣的,如企业没有妥善保管取得的增值税专用发票,或取得的发票未通过国税局认证,或无法取得增值税专用发票等。在取得的增值税专用发票的税率与一般计税方法纳税人税率可能不一致时,税收筹划往往要从抵扣率指标上进行分析。

案例 6-6

增值税纳税人身份的选择

小明同学创办设在大学校园的超市年含税销售额为 900 万元,其会计核算制度比较健全,符合一般计税方法纳税人条件,适用 13% 的税率。2022 年,该超市的全年购货不含税金额为 480 万元,可取得增值税专用发票。该企业如何进行增值税纳税人身份的筹划才能减轻增值税税负?

【解析】该企业购入食品价税合计 = 480×(1+13%) = 542.4(万元)

企业应缴纳增值税 = 900×13%÷(1+13%) − 480×13% = 41.14(万元)

应缴纳增值税附加税 = 41.14×12% = 4.937(万元)

税后利润 = [900÷(1+13%) − 480 − 4.937]×(1−25%) = 233.64(万元)

含税增值率 = (900−542.4)÷900×100% = 39.73%

该企业的增值率较高,超过无差别平衡点增值率 25.32%(含增值率),所以成为简易计税方法纳税人可比一般计税方法纳税人减少增值税税款的缴纳。

因此,该企业可以分设成两个零售企业,均设为独立核算单位。假定分设后两个企业的年含税销售额均为 450 万元,它们都符合简易计税方法纳税人的条件,适用 3% 的征收率。

两个企业购入食品价税合计 = 480×(1+13%) = 542.4(万元)

两个企业销售食品价税合计 = 900(万元)

两个企业应缴纳增值税 = 900×3%÷(1+3%) = 26.21(万元)

分设后两个企业的税后净利润合计 = [900÷(1+3%) − 542.4 − 26.21×12%]×(1−25%) = 246.19(万元)

通过纳税人身份的转变,该企业的净利润增加了 12.55 万元。

2. 抵扣率

对于一般计税方法纳税人与简易计税方法纳税人的缴税孰多孰少这一问题,还可以从抵扣率的角度来分析。抵扣率被定义为产品或劳务的可抵扣采购金额与产品或劳务的销售额的比率。在销售额既定的情况下,简易计税方法纳税人应缴税款可以确定。一般计税方法纳税人可抵扣的进项税额越多,即抵扣率越大,其应缴税款就越少;反之,亦然。在一个特定的抵扣率下,一般计税方法纳税人与简易计税方法纳税人应缴税额相同,这个特定的抵扣率称为无差别平衡点抵扣率。当抵扣率低于这个点时,一般计税方法纳税人的税负高于简易计税方法纳税人;当抵扣率高于这个点时,一般计税方法纳税人的税负低于简易计税方法纳税人。

无差别平衡点抵扣率可分为含税销售额无差别平衡点抵扣率和不含税销售额无差别平衡点抵扣率。

1) 不含税销售额无差别平衡点抵扣率

当抵扣率低于无差别平衡点抵扣率 76.92% 时,一般计税方法纳税人的税负高于简易计税方法纳税人,即作为简易计税方法纳税人可以节税。当抵扣率高于无差别平衡点抵扣率 76.92% 时,一般计税方法纳税人的税负低于简易计税方法纳税人,即作为一般计税方法纳税人可以节税。企业可以按照本企业的实际购销情况,根据以上情况作出选择。

一般计税方法纳税人销售发生税率为 9% 或 6% 的商品或者应税行为与简易计税方法纳税人销售征收率为 3% 的商品或者应税行为的无差别平衡点抵扣率,如表 6-4 所示。

表 6-4 无差别平衡点不含税销售额抵扣率表

一般计税方法纳税人税率	简易计税方法纳税人征收率	无差别平衡点抵扣率
13%	3%	76.92%
9%	3%	66.67%
6%	3%	50%

增值税纳税人身份的选择

小李创办琳达公司,主要销售卫生洁具,预计2022年琳达公司的年不含税销售额为700万元,不含税购进额为450万元,购货适用税率13%。公司账册健全,符合一般纳税人的条件。如何筹划才能减轻琳达公司增值税税负?

【解析】琳达公司的抵扣率=450÷700×100%=64.29%<76.92%,选择小规模纳税人节税。

如果申请一般纳税人,应缴纳增值税=700×13%-450×13%=32.5(万元)

如果选择申请小规模纳税人,增值税税率为3%,分别成立两个小规模纳税人,应税销售额分别为400万元和300万元。

应缴纳增值税=700×3%=21(万元)

可见,选择小规模纳税人身份纳税比一般纳税人身份少缴纳增值税11.5万元(32.5-21)。

2) 含税销售额无差别平衡点抵扣率

当抵扣率低于无差别平衡点抵扣率74.68%时,一般计税方法纳税人的税负高于简易计税方法纳税人,即作为简易计税方法纳税人可以节税。当抵扣率高于无差别平衡点抵扣率74.68%时,一般计税方法纳税人的税负低于简易计税方法纳税人,即作为一般计税方法纳税人可以节税。企业可以按照本企业的实际购销情况,根据以上情况作出选择。

一般计税方法纳税人销售发生税率为9%或6%的商品或者应税行为与简易计税方法纳税人销售征收率为3%的商品或者应税行为的无差别平衡点抵扣率,如表6-5所示。

表6-5 无差别平衡点含税销售额抵扣率表

一般计税方法纳税人税率	简易计税方法纳税人征收率	无差别平衡点抵扣率
13%	3%	74.68%
9%	3%	66.67%
6%	3%	50%

如果企业通过选择一般计税方法纳税人或简易计税方法纳税人身份而带来销售价格、销售成本或其他费用的变化,如通过选择一般计税方法纳税人身份而增加财务核算成本支出等,在进行税收筹划时,就不能简单以无差别平衡点增值率或抵扣率进行判断了,而是要综合所有因素,从净利润角度进行比较和选择。

增值税纳税人应根据自身业务增值率或抵扣率的情况判断哪种身份会减轻增值税税

负。增值率高或抵扣率低的企业可选择简易计税方法纳税人身份。即若企业所从事业务的增值率较高或抵扣率较低,则选择作为简易计税方法纳税人的税负较轻。纳税人可以通过企业拆分等手段,使自己符合简易计税方法纳税人的资格要求。

增值率低或抵扣率高的企业可选择一般计税方法纳税人身份。即若企业所从事业务的增值率较低或抵扣率较高,则选择做一般计税方法纳税人的税负较轻。纳税人可以通过企业合并以及提高自身财务核算水平等手段,使自己符合一般计税方法纳税人的资格要求。

(二)避免成为增值税纳税人

凡在境内发生应税交易且销售额达到增值税起征点的单位和个人,以及进口货物的收货人,为增值税的纳税人。其中,单位是指企业、行政单位、事业单位、军事单位、社会组织及其他单位。个人是指个体工商户和自然人。纳税人销售额未达到国务院财政、税务主管部门规定的增值税起征点的,免征增值税;达到起征点的,依照规定全额计算缴纳增值税。增值税起征点仅适用按照小规模纳税人纳税的个体工商户和其他个人,不适用于认定为一般纳税人的个体工商户。小规模纳税人应充分利用增值税起征点的优惠政策,避免多缴纳增值税。

按固定期限纳税的小规模纳税人可以选择1个月或按照1个季度为纳税期限,一经选择,一个会计年度内不得变更。小规模纳税人按月申报增值税和按季申报增值税的起征点不同,为小规模纳税人提供了税收筹划的空间。

案例6-8

小规模纳税人个体工商户增值税起征点的税收筹划

个体工商户王明经营电梯的零部件,为小规模纳税人,增值税征收率为3%。在2021年12月底,王明预计2022年1~3月店铺的不含税销售额分别是10万元、18万元和16万元,客户均要开具增值税普通发票。请为她的增值税纳税申报事项进行纳税筹划。

【解析】如果按月申报纳税,2022年2月和3月的销售额均超过15万元,需要缴纳增值税,1月的销售额在免税标准范围内,可以享受免税政策。

则2022年1~3月应缴纳增值税合计=(18+16)×3%=1.02(万元)

如果按季申报纳税,2022年第一季度销售额=10+18+16=44(万元)

第一季度的销售额在免税标准范围内,未超过45万元。因此,1~3月全部能够享受免税政策,无需缴纳增值税。

按季申报纳税比按月申报纳税少缴纳增值税1.02万元(1.02-0),所以王明应选择按季申报增值税。

本章小结

新企业开办时,要熟悉企业设立的一般流程。除了要选择合适的组织形式,还要登记注册,具体包括企业名称注册登记、工商注册、税务登记和其他备案事项。企业设立的组织形式包括独资企业、合伙企业、公司制企业和个体工商户等。新企业选址要精益求精,考虑多方面因素(如产业基础、产业要素、区位交通、经济水平、政建支持、履约能力、土地条件和自然条件等因素)按照选址的基本步骤进行选址。创业企业在选择组织形式时,要进行企业所得税和增值税的纳税人主体税收筹划。

思考题

1. 企业设立时有哪些法律组织形式可以选择?
2. 企业注册登记有哪些流程?
3. 企业设立时,选择企业名称有些注意事项?
4. 企业选址要考虑哪些主要因素?
5. 企业选址的基本步骤有哪些?
6. 如何进行企业所得税纳税人身份的税收筹划?
7. 企业如何进行就业人员的选择?
8. 如何根据自身业务增值率或抵扣率的情况,判断哪种增值税纳税人身份会减轻增值税税负?
9. 在进行一般计税方法纳税人与简易计税方法纳税人身份筹划时,需要注意哪些问题?

第七章

创新创业企业经营过程的税收筹划

 本章学习目的

学生通过本章的学习,了解创业企业管理内容以及管理环节中涉及的税收优惠政策,掌握创业企业在采购、生产、销售和薪酬设计等环节的税收筹划方法;提升辩证思维和团队精神,树立正确的职业道德,弘扬社会主义核心价值观。

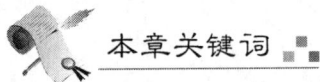

企业管理　采购环节　生产环节　销售环节　薪酬设计　税收筹划

签订采购合同的税收筹划　研发费用的税收筹划　混合销售行为和兼营行为的税收筹划　销售返利及佣金的税收筹划　工资薪金收入福利化的税收筹划

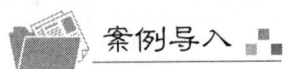

亚马逊税收筹划案例

据有关数据显示,亚马逊2018年的营收大约为19 912亿美元,净利润为115.9亿美元,折合成人民币为820亿元,但相比它的巨额收入更让人惊讶的是税收额为0,且美国政府在2018年还给了亚马逊1.29亿美元的联邦退税,折合人民币大概9亿元。据美国智库税收与经济政策研究所(the Institute on Taxation and Economic Policy, ITEP)统计,亚马逊已经连续2年没交过联邦所得税,ITEP还给出了亚马逊过去10年的有效税率一览表,平均下来只有个位数。亚马逊充分利用税收优惠实现"零纳税"的举措主要有以下六个方面。

1. 研发投入抵免优惠

亚马逊研发方面的投入占到员工工资和福利的7%左右,一直居于科技巨头前列。在2018年,依靠研发减税,亚马逊就节省了近15亿美元。

2. 享受州、地方税收优惠

亚马逊凭借自身的名声和"规模效应",在美国各地大举投资计算机、数据中心和仓储配送中心。据统计,2005—2014年,亚马逊通过这一方式,获得了各地政府超过7.47亿美元的税收优惠。

3. 减值抵税优惠

亚马逊建设新的数据中心,设备投资成本不用折旧40年,直接利用资产减值获得抵税优惠。2018年,亚马逊减值额度上升了40%。

4. 营业亏损抵免

美国税法规定,纳税人当年发生的亏损额,可以抵销以后15年的应税所得。亚马逊将这一规则运用到了极致,多年来一直不主动盈利,而是把赚来的钱用于扩张业务,在云计算、人工智能、基础设施等方面铺摊子,主动做亏企业。从1995年创立至今的20多年间,亚马逊亏损了数十亿元,仅上市后的头8年,就亏损了30亿美元。最近的一次亏损是在2014年,亏损了2.41亿美元。亚马逊曾表示,现在账面上还有14亿美元的联邦税收抵免额度留待以后"递延所得税"。

5. 股票期权抵扣

只要亚马逊的股价上涨,可抵扣的股票期权的成本就越大,就能获得更多的税收优惠。在过去20年,亚马逊的年化收益率达到了37%,股价涨幅超过了800倍,而通过给员工免费印发股票的方式,仅2018年,亚马逊就抵掉了10亿美元的联邦税。

6. 搭建海外避税架构

2005年之前,亚马逊便开始发展欧洲业务,那时美国还是全球征税,联邦税率35%,境外所得汇回需向美国纳税。"降低境外税,并将利润留存境外",是所有美国跨国公司搭避税架构的主旋律。亚马逊于2006年完成对欧洲市场的业务重组,搭建了"美国—卢森堡经营主体—卢森堡壳公司"避税架构。

从亚马逊税收筹划案例我们不难看出税收筹划对一个企业的重要性,税收优惠政策是国家为了扶持企业发展而制定的,目的就是为了让企业能够好好利用,从而扩大生产规模,创造更大收益。合理合法利用税收优惠政策,能给企业带来巨大的利益空间。

(资料来源:https://www.sohu.com/a/473403206_121119529)

问题: 根据知名企业"亚马逊"税务筹划案例,谈谈你对税收筹划的理解。

第一节 采购环节的税收筹划

对于创业企业来讲,采购成本占产品总成本的比重一般也较大,采购环节管理水平的高低,是企业降低成本、提升运营效益的关键因素,因此,采购环节的税收筹划是非常重要的。创业企业采购环节的税收筹划可以从供应商选择的筹划、签订采购合同的税收筹划等环节进行。

一、供应商选择的税收筹划

创业企业采购物品的来源主要有两个：一是增值税一般纳税人；二是增值税小规模纳税人。增值税一般纳税人适用税率为6%~13%，增值税小规模纳税人疫情期间选择适用的征收率，在2022年4月1日后可以执行3%或者0%，因此在采购价格相同的情况下，从小规模纳税人处购进材料可供抵扣的进项税额往往小于从一般规模纳税人处购料的进项税额，于是对于许多有能力选择进货渠道的企业，总是选择增值税一般纳税人的供应商。一些不能随意选择进货渠道的企业则陷入了两难的境地方面，从经营管理角度看，企业需要与小规模纳税人长期合作。另一方面，选择小规模纳税人的企业作为供应商，将增加税务成本。作为创业企业，在进行供货商的选择时，应注意盲目选择增值税一般纳税人为购货单位不一定能节税，因为小规模纳税人报价可能更低。

案例 7-1

进货渠道的税收筹划

某创业企业为一般规模纳税人，2022年1月，因生产产品需要采购一批材料，如果向一般纳税人采购，对方报价2 000元；若向小规模纳税企业采购，对方报价1 700元，开具增值税专用发票的税率为3%。若最终生产出的商品不含税售价为2 200元。若不考虑城市维护建设税，企业所得税税率为25%。企业该如何选择？

【解析】从一般规模纳税人采购：

进项税额＝2 000×13%＝260(元)

销项税额＝2 200×13%＝286(元)

应纳增值税＝286－260＝26(元)

企业向小规模纳税人采购时：

进项税额＝1 700×3%＝51(元)；

销项税额＝2 200×13%＝286(元)；

应纳增值税＝286－51＝235(元)

从小规模纳税人处采购比从一般规模纳税处采购增加的增值税税额＝235－26＝209(元)

从小规模纳税人处采购比从一般规模纳税人处采购增加的税后利润＝(2 200－1 700)×(1－25%)－(2 200－2 000)×(1－25%)＝375－150＝225(元)

因此本案例可以考虑选择从小规模纳税人处采购。

二、签订采购合同的税收筹划

创业企业在采购环节要关注签订合同。合同一旦签订，就必须按照合同条款开展相关的经济活动。在采购合同税收筹划的问题上,一般要把握的原则是,尽可能延迟付款,善于利用"借鸡生蛋再还鸡"的技巧。具体来说,企业应从以下几个方面着手:①未付出货款,先取得对方开具的发票;②使销货方接受托收承付与委托收款的结算方式,尽量让对方先垫付税款;③采取赊销和分期付款方式,由销货方垫付税款,从而获得足够的资金调度时间;④尽可能少用现金支付货款等。但要注意签订合同时也可能存在较大的税务风险。这里就与税务相关的两个问题作简要地分析。

1. 分清含税价格与不含税价格的税负

签订合同时,要明确价格中是否包含增值税,因为含税与不含税的价格将直接影响企业缴纳税额或抵扣额的大小。许多不懂得税务管理与筹划的采购人员只注意合同中写明的价格,却不清楚这个价格是否包含增值税。同样的价格条件下,价格含税对卖家有利,对买家不利;价格不含税对买家有利,对卖家不利。

2. 分清税法与合同法的约定

采购固定资产是生产型企业采购活动的重要组成部分,其涉及金额大,在签订合同时一定要十分谨慎,当合同中有关税收的约定与税法相冲突时,要以税法为准。

第二节 生产环节的税收筹划

生产环节的税收筹划是指创业企业在生产环节对收入、成本、费用进行合理的调整,其重点是成本费用的调整。

一、存货计价方法的税收筹划

存货发出成本,一般通过影响创业企业的营业成本来影响创业企业的应税收益,进而影响按收益计税的所得税。为耗用而储存的存货,其成本随着存货的耗用而转入生产成本,并随着所生产产品的销售转化为销售成本;为销售而储存的存货,则在该存货被销售时直接转化为销售成本。

在不同的计价方法下,由于计算确定的存货发出单位成本和存货发出总成本不同,对创业企业应税收益的计算必然产生不同的影响,这就为创业企业进行存货计价税收筹划提供了可能。

案例 7-2

存货计价的税收筹划

小张创设的企业在 2022 年 1 月生产产品所耗用甲材料的采购、发出和结存情况,如表 7-1 所示。该企业适用的所得税税率为 25%,试比较在不同计价方法下企业所得税税负。

表 7-1 甲材料采购、发出和结存情况表　　　　金额单位:万元

项目	采购			发出			结存		
	数量	单价	金额	数量	单价	金额	数量	单价	金额
1日结转							100	2.3	230
9日购入	100	2	200						
15日领用				90					
20日购入	50	1.8	90						
22日领用				130					
合计	150			220			30		

【解析】(1) 运用先进先出法。

1月15日,领用材料成本=90×2.3=207(万元)

1月22日,领用材料成本=10×2.3+100×2+20×1.8=259(万元)

本月发出材料成本=207+259=466(万元)

发出材料成本可以抵扣企业所得税=466×25%=116.5(万元)

本月末库存材料成本=30×1.8=54(万元)

(2) 运用月末一次加权平均法。

$$加权平均单价=\frac{期初结存材料成本+本月购入材料成本}{期初结存材料数量+本月购入材料数量}$$

$$=\frac{230+200+90}{100+100+50}=2.08(万元)$$

本月发出材料成本=发出材料的数量×加权平均单价=220×2.08=457.6(万元)

发出材料成本可以抵扣企业所得税=457.6×25%=114.4(万元)

本月末库存材料成本=30×2.08=62.4(万元)

(3) 运用移动加权平均法。

1月9日,购入原材料后的单位成本=$\frac{100×2.3+100×2}{100+100}$=2.15(万元)

1月15日,领用原材料的成本=2.15×90=193.5(万元)

1月20日,购入原材料后的单位成本=$\frac{110×2.15+50×1.8}{110+50}$

=2.040 625(万元)

1月22日,领用原材料的成本=2.040 625×130=265.281 25(万元)

本月发出原材料成本=193.5+265.281 25=458.781 25(万元)

移动加权平均法下,可以抵扣企业所得税=458.781 25×25%=114.695 312 5(万元)

> 本月末库存材料成本＝100×2.3＋100×2＋50×1.8－458.781 25＝61.218 75(万元)
>
> 根据上述计算过程可以看出,如果材料价格不断下跌,选择先进先出法计价时,发出材料的成本最大,可以抵扣的所得税金额最大。营业成本提高,减少了应纳税利润,达到了"节税"目的,移动加权平均法次之。所以,本案例中的企业可以选择使用先进先出的计价方法作为存货的计价方法。

在实务操作中,采用哪种存货计价方法,应当具体情况具体分析:当物价上涨时,采用月末一次加权平均法(移动平均法),比采用先进先出法计算出来的成本高,从而使得当期利润偏少,企业的应纳税所得额会随之减少;当物价呈下降趋势时,采用先进先出法计算出的成本高,当期的利润往往被低估,企业的应纳税所得额较少,企业所得税税负也最轻。

二、固定资产折旧的税收筹划

(一)固定资产折旧方法的税收筹划

固定资产折旧实际上是将固定资产的价值以特定费用的形式,通过销售产品的价值或其他形式收回的一种手段。固定资产折旧额的大小,会影响企业当期产品成本的大小,进而影响企业利润水平和应缴纳的企业所得税税额。固定资产的折旧方法和折旧年限对固定资产折旧金额的影响最大。

不同的固定资产折旧方法,将对企业所得税负产生不同的影响。因为不同的折旧方法造成的年折旧提取额的不同,直接影响了利润额抵减的程度,企业可以通过选择不同的折旧方法,在税法和财务制度规定允许的范围内,最大限度地减少税收。要注意的是,无论采取何种折旧方法,对于一个特定的固定资产来说,在使用年限内所提取的折旧总额是相同的。一般来说,企业在享受定期减免税优惠的情况下,采用加速折旧法是不划算的。

(二)固定资产折旧年限的税收筹划

采用不同的固定资产折旧年限,将对企业所得税负产生不同的影响。折旧年限的选择取决于固定资产能够使用的年限,是一个估计的经验值,包含了许多人为的成分,因而为创业企业的税收筹划提供了可能性。

目前,税法与财务制度对固定资产计算折旧的年限规定了最低年限,给予了一定的选择空间。一般来说,当创业企业处于正常的生产经营期时,尽量缩短折旧年限,加速固定资产成本的回收与资金的周转,使在固定资产使用过程中的后期成本费用前移,前期利润后移,往往能够获得递延纳税的好处;反之,当创业企业处于减免税优惠期时,企业可以延长折旧年限,从而使可以计提的折旧递延到减免税期后,获得增加成本、减少利润进而减少税收的好处。当创业企业处于盈利期时,应尽量缩短折旧年限,最大限度地列支折旧费用,充分发挥折旧费用的抵税作用;当创业企业处于亏损期时,折旧年限的选择必须充分考虑企业亏损的税前弥补情况,如果企业的某一年度亏损额在今后的纳税年度不能弥补或者不能够充分弥补，则折旧费用的抵税效应就得不到充分发挥。

固定资产折旧年限的筹划

2021年12月，潞城公司购入一项价值为2 000万元的机器设备，生产车间计划下月使用，若设备的残值按原价的4%估算，采用直线法计提折旧额，公司适用企业所得税税率为25%。该公司从2022年开始享受"三免三减半"的税收优惠政策，可供选择的折旧年限分别为6年和8年。公司应当采用哪个折旧年限有利于公司税收筹划？

【解析】方案一：折旧年限为8年。

$$年折旧额 = 2\,000 \times (1-4\%) \times \frac{1}{8} = 240（万元）$$

该公司享受"三免三减半"的税收优惠政策期间，折旧额可以抵减的企业所得税的年限为第4至第8年，共5年。

折旧可抵税总额 = 240×(25%÷2)×3 + 240×25%×2 = 210（万元）

方案二：折旧年限为6年。

$$年折旧额 = 2\,000 \times (1-4\%) \times \frac{1}{6} = 320（万元）$$

该公司享受"三免三减半"的税收优惠政策期间，折旧额可以抵减的企业所得税的年限为第4至第6年，共3年。

折旧可抵税总额 = 320×(25%÷2)×3 = 120（万元）

与方案二相比，方案一因为折旧的年限长，可抵税总额多出90万元（210-120）。通过计算可知，在公司享受定期减免税优惠的情况下，固定资产折旧年限越长，在减免税期间提取的折旧额就越少，应纳税所得额就越多，实际上享受的减免税优惠力度就越大。而且，由于后期折旧额计入非减免税时期成本，抵减了后期的应纳税所得额，从而使该固定资产全部使用期间抵税效应更大，可以节约的税收支出金额更大。因此，本案例选择方案一可以获得更多的节税收益。

三、技术创新的税收筹划

（一）研发费用的税收筹划

技术创新是企业之魂，研发是技术创新的主要环节。国家在研发方面的税收优惠力度不断加大，因此，企业应该加大研发投入，用好政府鼓励创新的优惠政策，同时要合理地进行税收筹划。根据国家税务总局《关于企业所得税若干税务事项衔接问题的通知》（国税函〔2009〕98号)规定,因加计扣除造成的企业应纳税额为负数,可以在以后年度弥补,最长弥补期限为5年。这意味着,无论企业在纳税年度是盈利还是亏损,均可以享受加计扣除政策。利用此政策,研发费用税收筹划的思路包括:

(1) 企业应合理安排研发费用发生的时间,使得研发费用发生在正常的纳税年度,避免发生在免税期和亏损年度,以保证其研发费用可以在税前扣除。

(2) 创业企业应合理安排研发费用的金额,使得研发费用加计扣除金额小于企业利润。若研发费用加计扣除金额大于企业利润,则可以将研发费用分期,从而实现研发费用的充分扣除。

(二) 技术转让收入的税收筹划

《营业税改征增值税试点过渡政策》(财税〔2013〕106号附件三)第一条规定,试点纳税人提供技术转让、技术开发和与之相关的技术咨询、技术服务的,免征增值税。试点纳税人申请免征增值税时,须持技术转让、开发的书面合同,到试点纳税人所在地省级科技主管部门进行认定,并持有关的书面合同和科技主管部门审核意见证明文件报主管国家税务局备查。《企业所得税法》第二十七条第四项规定,符合条件的技术转让所得,可以免征、减征企业所得税。《企业所得税法实施条例》第九十条规定,符合条件的技术转让所得免征、减征企业所得税,是指一个纳税年度内,居民企业技术转让所得不超过500万元的部分,免征企业所得税;超过500万元的部分,减半征收企业所得税。企业在技术转让之前,应该合理地选择优惠政策进行税收筹划,以达到减税的目的。

案例 7-4

技术转让收入的税收筹划

成明公司为居民纳税企业,企业所得税税率为25%,2022年11月拟转让非专利技术,与客户签订协议共收取转让费600万元。请问如何签订技术转让合同,才能使公司的节税效果达到最大?

【解析】方案一:与客户签订的合同为一次性转让并收取600万元。

应交企业所得税=(600-500)×50%×25%=12.5(万元)

方案二:与客户签订合同约定分期转让:第一年收取300万元,第二年收取300万元。

应纳企业所得税=0(万元)

尽管在这两个方案中,该公司2年内收取的技术转让收入都是600万元,但由于方案二将每年实现的技术转让收入控制在免征额500万元以下,可以免征企业所得税,所以取得了更大的节税收益。

第三节 销售环节的税收筹划

销售已经成为现代企业经营过程中一个不可缺少的部分,创业企业进行销售策划不能忽视税收问题。如何在销售环节中充分地利用税收政策为创业企业的合理避税服务呢?本节将针对纳税人的不同情况通过具体的案例,结合不同的方法,为企业进行税收筹划。

一、混合销售与兼营行为的税收筹划

一项销售行为如果既涉及服务又涉及货物,称为混合销售行为。出现混合销售行为,涉及的货物和非应税劳务是直接为销售一批货物而作出的,两者之间是紧密相连的从属关系。混合销售的纳税主要原则是按经营主业划分,分别按照"销售货物""销售劳务"的应税交易征收增值税。兼营行为是指纳税人有销售货物和服务等多项纳税义务时,由于应税交易不存在从属关系,征收增值税时适用不同税率或者征收率的,应当分开核算适用不同税率或者征收率的销售额,未分开核算销售额的,从高适用税率或征收率。

混合销售与兼营行为的税收筹划

犇腾公司的主营业务为生产销售铝合金门窗,同时从事铝合金门窗安装业务。2022年4月,销售给乙公司铝合金门窗取得产品销售收入22 600元,同时取得为乙公司安装所销售门窗的劳务收入7 910元。当年5月上旬,销售给丙公司铝合金门窗取得产品销售收入11 300元,本次未提供安装劳务。同月下旬,该公司又为丙公司安装丙公司自行购买的铝合金门窗,取得劳务收入5 450元。以上收入均含税,均通过银行收取,且销售与安装铝合金门窗的收入可以分开核算。请问该公司应如何计算缴纳4月和5月的增值税额?

【解析】本案例的关键点在于该公司4月和5月分别提供的安装劳务的属性,即对提供的安装劳务究竟应该定性为混合经营还是兼营行为。

对照混合销售定义,4月份的两笔销售业务具备了定义的全部特征,一方面销售铝合金门窗和提供门窗安装劳务发生在同一项销售行为中,且两项销售行为从逻辑上有着紧密的从属关系。另一方面是该公司销售铝合金门窗并同时提供安装劳务两项销售行为的对象系同一销售对象乙公司,且销售款项均向乙公司收取。所以,该公司4月份为乙公司提供的安装劳务应该定性为混合销售,并且销售铝合金门窗为主业,应按照销售货物的适应税率一并计缴13%的增值税。

4月应纳税收入和应纳税额的计算：
收到的销售总收入＝22 600＋7 910＝30 510（元）
不含税收入＝30 510÷1.13＝27 000（元）
销项税额＝27 000×13％＝3 510（元）

该公司5月份向丙公司提供的销售铝合金门窗和铝合金门窗安装劳务不属于混合销售，属于兼营行为，分别定性为销售货物和销售劳务，在企业分开核算销售额的情况下，应按照应税货物13％和应税建筑劳务9％两种税率分别缴纳增值税。

铝合金销售收入及增值税销项税额的计算：
销售收入＝11 300÷1.13＝10 000（元）
销项税额＝10 000×13％＝1 300（元）
建筑安装劳务收入及增值税销项税额的计算：
销售收入＝5 450÷1.09＝5 000（元）
销项税额＝5 000×9％＝450（元）
以上两项应纳增值税额及销售收入合计：
应纳增值税额＝1 300＋450＝1 750（元）
主营业务收入＝10 000＋5 000＝15 000（元）

从上述销售案例可以看出，该公司在两个不同月份中均从事了两种业务，即铝合金门窗销售和铝合金门窗安装，但前一个月从事的铝合金门窗安装系该公司自己所销售的门窗，是销售自己所生产产品行为的延续，应该判断为混合销售。而后一个月所安装的铝合金门窗不是自己所销售的产品，与自身销售产品无关，属于各自独立的销售业务，所以应该判定为兼营行为。

对这两项业务的不同纳税处理存在着明显的税率差和税负差。当判断为混合经营业务时，两项销售业务一并按照销售货物13％的高税率缴纳增值税；当判断为兼营行为时，其中的铝合金安装业务则按照建筑安装服务9％的低税率缴纳增值税。很显然，这就给企业税收筹划带来了无限遐想的空间。

对于主营业务和兼营业务存在税率差异的创业企业，一定要注意分别核算主营和兼营业务的销售收入，即分别核算适用不同税目和税率的收入，否则将会被税务机关按照高税率的业务一并计算缴纳增值税，由此增加企业税负。所以，企业分开核算兼营业务收入实际上是基本的税收筹划。必须注意的是，当主营业务税率偏高时，一些企业很可能为了降低税负，将混合经营故意篡改为兼营行为，如将原本仅是销售货物兼提供安装劳务的一份合同改为销售货物和提供安装劳务两份不同的合同，同时将收款和入账时间故意错开。这种过度筹划很可能一时得逞，但实际上给企业自身埋下了很大的涉税风险。所以，企业不仅要正确认识对混合经营和兼营行为的税收筹划，不能故意混淆，还必须清晰、准确地核算各自的业务收入，以防止不必要的涉税风险。

二、销售折扣、折扣销售等税收筹划

在产品销售活动中,为了达到促销的目的,有多种折扣方式,创业企业有自主选择权。不同方式下,销售者取得的销售额会有所不同,由此计算交纳的增值税额也有差异。纳税人可以根据本企业的实际情况,利用税法提供的节税空间,选用适当的方式进行税收筹划,以实现企业经济效益的最大化。

(一) 折扣方式及其区别

折扣方式有折扣销售、销售折扣和销售折让三种。三者的区别在于,折扣销售是指销货方在销售货物或应税劳务时,因购货方购货数量较大等原因,而给予购货方的价格优惠,如购买5件,销售价格折扣10%;购买10件,折扣20%等。销售折扣是指销货方在销售货物或应税劳务后,为了鼓励购货方及早偿还货款,而协议许诺给予购货方的一种折扣优待,如10天内付款,货款折扣2%;20天内付款,折扣1%;30天内全价付款。销售折让是指货物销售后,由于其品种和质量等原因购货方未予退货,但销货方需给予购货方的一种价格折让。

(二) 税法对折扣方式销售的严格界定

1. 折扣销售

折扣销售的折扣是在实现销售时发生的,因此,税法规定,如果销售额和折扣额在同一张发票上分别注明的,可按折扣后的余额作为销售额计算增值税;如果将折扣额另开发票,不论其在财务上如何处理,均不得从销售额中减除折扣额。折扣销售仅限于货物价格的折扣,如果销售者将自产、委托加工和购买的货物用于实物折扣的,则该实物款额不能从销售货物额中减除,且该实物应按增值税条例"视同销售货物"中的"赠送他人"计算征收增值税。

2. 销售折扣

由于销售折扣发生在销货后,是一种融资性质的理财费用,销售折扣不得从销售额中扣除。企业在确定销售额时,应把折扣销售和销售折扣严格区分开。

3. 销售折让

销售折让是在货物销售后发生的,但其实质是销售额的减少,销售折让可以折让后的货款为销售额。

(三) 折扣方式的税收筹划

案例 7-6

折扣方式的税收筹划

某超市是增值税一般纳税人,购货均能取得增值税专用发票,为促销打算采用三种方式:一是商品八折销售;二是购物满100元,赠送价值20元的其他商品(该商品购进价格为12元,均为含税价,下同);三是购物满100元,返还20元的现金。该超市销售利润率为30%,销售额100元,进价70元,进项税额8.05元＝[70÷(1＋13%)×13%]。超市同样销售100元的商品,选择哪种方式最有利呢?不考虑城市维护建设税、教育费附加和地方教育附加。

【解析】方案一:商品八折销售,价值100元的商品售价80元。

应缴纳增值税＝80÷(1＋13%)×13%－8.05＝1.15(元)

应纳税所得额＝(80－70)÷(1＋13%)＝8.85(元)

应缴企业所得税＝8.85×25%＝2.21(元)

应缴纳税款合计＝1.15＋2.21＝3.36(元)

方案二:购物满100元,赠送价值20元的商品。

销售100元商品时,

应缴纳增值税＝100÷(1＋13%)×13%－8.05＝3.45(元)

赠送20元商品,视同销售。

应缴纳增值税＝(20－12)÷(1＋13%)×13%＝0.92(元)

应纳税所得额＝(100－70)÷(1＋13%)＝26.55(元)

应缴纳企业所得税＝26.55×25%＝6.64(元)

应缴纳税款合计＝3.45＋0.92＋4＋6.64＝15.01(元)

方案三:购物满100元,返还现金20元。

销售100元商品应交增值税3.45元,应缴所得税6.64元(同上)。

应缴纳税款合计＝3.45＋6.64＝10.09(元)

很明显,上述三种方案中,方案一最优,企业负担的税金最少。

此外,税法对开具增值税专用发票后,发生退货或销售折让,视不同情况分别作了以下规定:

(1) 购买方在未付款且未作账务处理的情况下,须将原发票联和税款抵扣联主动退还给销售方。销售方收到后,如果未将记账联作账务处理,应在该发票联和税款抵扣联及有关的存根联、记账联上注明"作废"字样,并依次粘贴在存根联后面,作为扣减当期销项税额的凭证。如果销售方已将记账联作账务处理,可开具相同内容的红字专用发票。未收到购买方退还的专用发票前,销售方不得扣减当期销项税额。属于销售折让的,销售方应按折让后的货款重开专用发票。

(2) 在购买方已付货款,或者货款未付但已作账务处理,发票联及抵扣联无法退还的情况下,购买方必须取得当地主管税务机关开具的进货退出或索取折让证明单送交销售方,作为销售方开具红字专用发票的合法依据。销货方在未收到证明单前,不得开具红字专用发票;收到证明单后,根据退回货物的数量、价款或折让金额向购买方开具红字专用发票。

三、结算方式的税收筹划

1. 充分利用赊销和分期收款方式进行税收筹划

赊销和分期收款结算方式都以合同约定日期为纳税义务发生时间,这就表示,在纳税义务发生时间的确定上,创业企业既有充分的自主权,也有充分的筹划空间。因此,创业企业在产品销售过程中,在应收货款一时无法收回或部分无法收回的情况下,可选择赊销或分期收款结算方式,尽量回避直接收款方式。直接收款方式不论货款是否收回,都得在提货单移交并办理索要销售额的凭据之日计提增值税销项税额,承担纳税义务,企业具有相当大的主动性,完全可以在货款收到后履行纳税义务,有效推迟增值税纳税时间。

案例 7-7

赊销与分期收款的税收筹划

某创业企业为增值税一般纳税人,2020 年 1 月发生销售业务 4 笔,共计 4 000 万元(含税),货物已全部发出。其中,2 笔业务共计 2 400 万元,货款两清;1 年后收取 500 万元,一年半后收取 300 万元,余款 800 万元,2 年后一次结清。请针对销售结算方式进行税收筹划。

【解析】如果该创业企业全部采用直接收款方式,则应在当月全部计算为销售额,计提的增值税销项税额 = $4\,000 \div (1+13\%) \times 13\% = 460.18$(万元)

在这种情况下,有 1 600 万元的货款实际并未收到,按照税法规定企业必须按照销售额全部计提增值税销项税额,这样企业就要垫付上交的增值税金。

对于未收到的 600 万元和 1 000 万元应收账款,如果企业在货款结算中分别采用赊销和分期收款结算方式,既能推迟纳税,又不违反税法规定,达到延缓纳税的目的。

假设以月底发货计算,推迟纳税的销项税额分别为:

1 年后收取 500 万元时,

销项税额 = $500 \div (1+13\%) \times 13\% = 57.52$(万元)

1.5 年后收取 300 万元时,

销项税额 = $300 \div (1+13\%) \times 13\% = 34.51$(万元)

2 年后收取 800 万元时,

销项税额 = $800 \div (1+13\%) \times 13\% = 92.04$(万元)

可以看到,采用赊销和分期收款结算方式可以达到推迟纳税的效果,既能为企业节约大量的流动资金,又能为企业节约银行利息支出。

2. 利用委托代销方式销售货物进行税收筹划

委托代销商品是指委托方将商品交付给受托方,受托方根据合同要求,将商品出售后,开具销货清单交给委托方后,委托方才确认销售收入的实现并确认增值税销项税额或者最迟180天的当天确认销售收入,确认纳税义务的发生。根据这一原理,如果企业的产品销售对象是商业企业,并且约定在商业企业实现商品销售后再付款结算的情形下,可采用委托代销结算方式。企业可根据实际收到的货款分期限计算销项税额,达到推迟纳税的目的。

四、销售返利及佣金的税收筹划

为激励客户大量采购,供货方可能会采取"销售返利"的奖励政策来刺激需求。销售返利的方式一般包括:①返利在下次的应付款中扣减;②直接返还款项并要求客户开票;③将返利折算为商品,在客户下次采购时一并发货等。这些方式一般都会增加企业实际的税负。

销售返利的税收筹划

红星公司为2021年创办的饮品制造的居民企业,2022年向其经销商兴隆公司销售饮品10万箱,含税单价为110元/箱。根据约定,兴隆公司可以取得返利金额100万元,假设该饮品的成本为50元/箱。请对红星公司的该销售返利行为进行税收筹划。

【解析】方案一:红星公司给经销商兴隆公司开具没有关于返利金额的发票。

红星公司开具的销售发票中含税销售额1 100万元

如果按合同约定,返利金额可以在应付账款中扣减,此业务实际将收到款项1 000万元(110×10－100),实际成本500万元(50×10)。

销项税额＝110×10÷1.13×13％＝126.55(万元)

同时由于该返利金额100万元没有收到发票,不能在税前扣除该笔支出,将增加企业所得税税负。

应交企业所得税＝100×25％＝25(万元)

销售毛利＝1 000－126.55－500－25＝348.45(万元)

单箱毛利＝348.45÷10＝34.845(元)

方案二:经销商开具关于返利金额的普通发票。

红星公司如果收到客户货款1 100万元和经销商开具的有关销售返利费用的发票时,方案二与方案一类似,唯一的区别在于收到了经销商关于返利金额的普通发票,实现了费用的所得税前扣除。根据国家税务总局《关于商业企业向供货方收取的部分费用征收流转税问题的通知》(国税发[2004])136号的规定,商业企业根据平销返利收到各种收入,一律不得开具专用发票。因此,这种发票可以实现所得税前扣除,但不能实现增值税抵扣。

总毛利＝1 100－100－126.55－500＝373.45(万元)

单箱毛利＝373.45÷10＝37.345(元)

方案三：在下次兴隆公司购货时，多发1万箱饮品作为平销返利，不开发票。作为平销返利多发的饮品需要视同销售处理。

红星公司实际收款1 100万元时，

实际成本＝11×50＝550(万元)

视同销售时，

销项税额＝110×1÷1.13×13％＝12.65(万元)

销售毛利额＝1 100－126.55－550－12.65＝410.8(万元)

单箱毛利＝410.8÷11＝37.345(元)

以上三个方案的优劣不同，方案三与方案二效果相同，但方案三实现了更多销售额，而方案一单箱销售毛利最小。但是这些方案仍然不是值得推荐的方案，完美的方案应该是以下两种：

方案四：将平销返利的金额作为销售折让处理

红星公司向经销商兴隆公司开具红字发票，货款无论是在应收账款中扣减还是另行退回，都不影响最终的效果。红星公司实际收款1 000万元，蓝字发票内容：饮品10万箱、含税金额1 100万元；红字发票内容：饮品销售折让，含税金额100万元。因此，最终收款1 000万元，销售成本500万元。

销项税额＝(110×10－100)÷1.13×13％＝115.04(万元)

总毛利额＝1 000－115.04－500＝384.96(万元)

单位毛利＝384.96÷10＝38.496(元)

综合比较以上几种"平销返利"的方案，方案四是较优方案，而最终选取何种方案还是要看具体的情况。

随着各种销售方式的出现，销售环节税收筹划涉及的内容多且复杂。作为财务人员，应充分了解业务的实质，学习相关的专业知识，熟悉可以匹配的税收法规，以不畏困难的精神、追求知识的志向和探索知识的勇气，完成防止漏税并合理避税的任务。

第四节　个人所得税的税收筹划

创业企业成长管理离不开税收，合理避税不仅可以降低企业成本，提高员工工作积极性，还有利于扩大内需，促进经济发展。在不违反国家税收政策的前提下，充分运用纳税优惠政策合理避税，为职工减轻纳税负担，不失为一种较为现实的做法。本节在《个人所得税法实施条例》等政策、法规文件的基础上，仅针对工资薪金所得总结出一些合理避税的方法。

一、工资薪金收入福利化的税收筹划

由于目前我国对个人工资薪金所得征税时,按照固定的费用扣除标准作相应扣除,不考虑个人的实际支出水平,这就使利用非货币支付办法达到节税的目的成为可能。在既定工薪总额的前提下,企业为员工支付一些服务的费用,并把支付的这部分费用从应付给员工的货币工资中扣除,减少员工货币工资,就可以把这些作为福利费、教育经费和工会经费支出。这些支出在计算企业所得税的时候可以分别按照计税工资总额的相应比例在税前扣除(具体比例参考各地税收政策),既减少了企业所得税应纳税所得额负担,又为员工提高了实际可支配收入,一举多得。

应该注意的是,企业为员工提供的福利不能是现金或其他购物券。一般来说,企业可供选择的免税福利包括:①提供免费的工作餐券,且必须是不可转售的餐券;②提供上下班交通工具或车辆;③提供含家具在内的宿舍或住宅;④提供补充的养老保险或企业年金;⑤或多缴纳住房公积金(当地政策许可的上限下);⑥提供根据劳动合同或协议确定的公用福利设施,如水、电、煤气、电话、通讯、宽带网络等;⑦提供员工继续教育经费或其他培训机会;提供员工子女教育基金或奖学金。

不具备提供上述福利能力的中小企业可以根据企业的实际情况,给予员工在教育、交通、通讯和子女医疗等方面一定的报销幅度,也可以达到员工薪酬福利化,但各项福利列支应为政策准许的。另外,要考虑员工不同的福利需求,切忌为了单一的避税目的而搞一刀切,发掘员工个性化的福利需求,提高针对性的福利,还能体现对员工的人性关怀,提高员工积极性,可以一举三得。要注意的是,纳税企业要准确把握福利费判断口径,把握福利费限额扣除红线,否则会招致税收风险。

二、工资薪金收入保险化的税收筹划

收入保险化是指利用工资薪金所得税前专项扣除的税法规定,尽量在政策规定的范围内增加基本养老保险、基本医疗保险(含生育)、失业保险和住房公积金等专项扣除额金额,从而降低工资薪金的应税收入的筹划方法。

以住房公积金为例,阐释工资薪金收入保险化的纳税筹划。根据《住房公积金管理条例》第十六条规定,职工住房公积金的月缴存额为职工本人上一年度月平均工资乘以职工住房公积金缴存比例。单位为职工缴存的住房公积金的月缴存额为职工本人上一年度月平均工资乘以单位住房公积金缴存比例。单位和职工的住房公积金缴存比例高于12%的,一律予以规范调整,不得超过12%;最低缴纳比例为5%。个人工资薪金收入中单位和个人每月缴纳的住房公积金可以免缴个人所得税。住房公积金的纳税筹划可以通过提高住房公积金计提比例,进而减少个人所得税应纳税额,从而提高职工实际工资薪金的收入水平。

需要指出的是,缴存单位可在5%～12%的区间内自主确定单位和个人住房公积金缴存比例。每个单位只能申请一个缴存比例,同一单位职工的缴存比例应一致,单位缴存比例和职工缴存比例应一致。在规定的范围内提高住房公积金的计提比例,对职工公积金贷款买房非常有利,一方面,职工购房时,职工个人的公积金存款金额与住房公积金贷款额度挂钩;另一方面,公积金的贷款利率远远低于商业银行住房贷款。

个人所得税的附加扣除项目(如职工基本养老保险金、基本医疗保险金和失业保险金)可以参照类似住房公积金的思路进行纳税筹划。收入保险化的纳税筹划将会提高职工的实际收入,同时降低个人所得税税负。

三、利用公益慈善事业捐赠税收优惠政策的税收筹划

我国《个人所得税法》规定,个人将其所得对教育、扶贫和济困等慈善事业进行捐赠,捐赠额未超过纳税人申报的应纳税所得额30%的部分,可以从其应纳税所得额中扣除;国务院规定的对公益慈善事业捐赠实行全额税前扣除的,从其规定。《个人所得税法实施条例》进一步规定,个人将其所得对教育和扶贫和济困等慈善事业进行捐赠,应纳税所得额是指计算扣除捐赠额前的应纳税所得额。一般捐赠额的扣除以不超过纳税人申报的应纳税所得额的30%为限。《关于公共租赁住房税收优惠政策的公告》(财税公告[2019]61号)规定,个人捐赠住房作为公租房,符合税收法律法规规定的,对其公益性捐赠支出未超过其申报的应纳税所得额30%的部分,准予从其应纳税所得额中扣除。

用公益慈善事业捐赠的税收优惠政策的纳税筹划应注意以下事项:

第一,只有在纳税期间要纳税,公益性捐赠才具有抵税作用。捐赠时要选择适当的捐赠时期,捐赠额应当取决于本期取得的收入。

第二,要以有资格的受赠组织为媒介进行公益性捐赠,直接向捐赠者捐赠,由于缺乏独立的第三方,影响公正性,所以税前无法扣除。

案例 7-9

中国居民钱先生2021年取得扣除专项扣除和附加专项扣除后的工资薪金收入600 000元,现打算捐赠200 000元。某纳税筹划专业人士设计了3套方案。方案一,直接捐赠现金200 000元给所在地某市属小学;方案二,购买200 000元的图书通过所在地市级人民政府的民政局捐赠给贫困地区的图书馆;方案三,通过所在地市级人民政府的民政局捐赠现金200 000元给所在地农村的某村属小学。请帮助钱先生选择纳税筹划方案。

【解析】方案一:现金直接捐赠给所在地某市属小学。

允许税前扣除的捐赠额为0,直接捐赠不可以税前扣除,无法抵税。

全年应缴纳个人所得税=(600 000−60 000)×30%−52 920=109 080(元)

方案二:购买200 000元的图书通过民政局捐赠给贫困地区的图书馆

允许税前扣除的捐赠限额=(600 000−60 000)×30%=162 000(元)

实际捐赠额为200 000元,超过公益性捐赠允许扣除的限额162 000元,税前允许扣除实际扣除的金额为162 000元。

全年应缴纳个人所得税＝(600 000－60 000－162 000)×25%－31 920
　　　　　　　　　　＝62 580(元)

方案三：通过民政局捐赠现金 200 000 元给所在地农村的某村属小学。

对农村义务教育的捐赠可以在税前全额扣除，因此，实际捐赠额 200 000 元可以税前全额扣除。

全年应缴纳个人所得税额＝(600 000－60 000－200 000)×25%－31 920
　　　　　　　　　　　＝53 080(元)

可以看出，方案三的个人所得税税负最低，建议选择方案三。

四、特殊情形下工资薪金所得的税收筹划

(一)各项扣除的税收筹划

1. 职业年金的税收扣除筹划

企业和事业单位根据国家有关政策规定的办法和标准，为在本单位任职或受雇的全体职工缴付的企业年金或职业年金单位缴费部分，在计入个人账户时，个人暂不缴纳个人所得税。个人根据国家有关政策规定缴付的年金个人缴费部分，在不超过本人缴费工资计税基数的 4%标准内的部分，暂时从个人当期的应纳税所得额中扣除。超过上述规定的标准缴付的职业年金单位缴费和个人缴费部分，应并入个人当期的工资、薪金所得，依法计征个人所得税。企业和职工个人职业年金缴费合计不超过本企业上年度职工工资总额的 12%成为纳税筹划中要关注的事项。由于目前事业单位强制设立职业年金，而企业年金的设立是自愿的，企业可以充分利用这一优惠，帮助员工减轻个人所得税负担，同时相应减少应发工资，由此也可以为企业减少社保费的支出。

2. 商业保险扣除的税收筹划

自 2017 年 7 月 1 日起，对个人购买符合规定的商业健康保险产品的支出，允许在当年(月)计算应纳税所得额时予以税前扣除，扣除限额为 2 400 元/年(200 元/月)。单位统一为员工购买符合规定的商业健康保险产品的支出，应分别计入员工个人工资薪金，视同个人购买，按上述限额予以扣除。2 400 元/年(200 元/月)的限额扣除为个人所得税法规定减除费用标准之外的扣除。企业为员工统一购买商业健康保险，既为员工提供了福利，又可以起到节税的作用。

(二)专项附加扣除的税收筹划

专项附加扣除包括子女教育、继续教育、大病医疗、住房贷款利息和住房租金赡养老人等支出。

根据税法规定，纳税人的子女接受全日制学历教育的相关支出，按照每个子女每月 1 000 元的标准定额扣除。学历教育包括义务教育(小学初中教育)、高中阶段教育(普通高中、中等职业、技工教育)、高等教育(大学专科、大学本科、硕士研究生、研究生教育)。年满 3 岁至小学入学前处于学前教育阶段的子女，按上述规定执行。父母可以选择由其

中一方按扣除标准的100%扣除,也可以选择由双方分别按扣除标准的50%扣除,具体扣除方式在一个纳税年度内不能变更。凡是家庭中有3~28岁接受教育的子女,应积极申报。如果夫妻二人均需要缴纳个人所得税,子女教育扣除应由税率高的一方全额申报,税率低的一方不申报,可以减税负。

根据税法规定,在一个纳税年度内,纳税人发生的与基本医保相关的医药费用支出,扣除医保报销后个人负担(医保目录范围内的自付部分)累计超过15 000元的部分,由纳税人在办理年度汇算清缴时,在80 000元限额内据实扣除。纳税人发生的医药费用支出可以选择由本人或其配偶扣除;未成年子女发生的医药费用支出可以选择由其父母一方扣除。纳税人及其配偶、未成年子女发生的医药费用支出,按上述规定分别计算扣除额。纳税人发生符合上述规定的医疗费时,应积极申报扣除。对纳税人未成年子女发生的符合上述规定的医疗费,应由税率最高的父母一方申报扣除。

根据税法规定,凡是有60岁以上被赡养人的纳税人均应积极申报赡养老人专项附加扣除。对多兄弟姐妹而言,应由税率最高的两位分别申报1 000元,可以降低税负。

家庭中夫妻双方谁的综合所得高,则让谁全额扣除专项扣除中的住房贷款利息、子女教育和大病医疗,这样就整个家庭而言,可以少缴纳个人所得税。

五、合理税收筹划应注意的问题

避税操作涉及法律、经济、企业内部公平和员工心理等因素,因此操作时要特别注意如下几个问题:

一是合法性问题。依法纳税是每个公民应尽的义务,纳税也是光荣的、神圣的使命。纳税要注意的首要前提就是合法,避税必须在法律许可的范围内进行。企业的人力资源和财务工作者必须对国家相关法律法规有充分的了解,并且与当地税务机关保持密切联系,有关的避税处理需要备案的必须到税务机关登记备案,否则,反而得不偿失。

二是整体考虑避税的效果。本文多从经济效果上考虑避税,也就是节税,但是员工的工作积极性不是仅仅依靠避税就能长久保持的,激励制度必须与企业的实际情况、员工心理需求相配套。因此,不能单纯为了节税而改变薪酬发放方式,要通盘考虑,只有在不降低员工工作积极性的前提下才可以考虑避税操作。

三是避税操作要征得员工本人的同意。当员工主观上没有避税需要时,不建议避税,否则,好心办坏事,效果适得其反。

本章小结

本章主要介绍在符合国家法律及税收法规的前提下;在采购、生产、销售和薪酬设计等主要环节中,按照税收政策法规的导向,事前选择税收利益最大化的纳税方案进行税收筹划。创业企业经营管理税收筹划涉及的内容多且复杂,为此,企业要增强法律意识、提升辩证思维和责任担当精神,树立良好的职业道德素养。

思考题

1. 企业在采购环节的税收筹划中应注意哪些事项?
2. 企业如何进行研发环节的税收筹划?
3. 企业如何进行促销环节的税收筹划?
4. 企业的设备折旧如何进行税收筹划,有哪些注意事项?
5. 个人所得税的税收筹划应该从哪些方面着手?

参 考 文 献

[1] 贲友红. 中小企业税收筹划[M]. 上海:立信会计出版社,2022.
[2] 蔡立雄. 大学生创业基础[M]. 北京:北京大学出版社,2018.
[3] 董根泰,黄益朝. 税务管理:第2版[M]. 北京:清华大学出版社,2020.
[4] "大众创业 万众创新"税收优惠政策指引(2019年版)编写组. "大众创业 万众创新"税收优惠政策指引[M]. 北京:中国税务出版社,2019.
[5] 计金标. 纳税筹划:第七版[M]. 北京:中国大学人民出版社,2020.
[6] 李红英,段桂英,肖斌. 创业基础[M]. 北京:人民邮电出版社,2019.
[7] 梁文涛. 税法[M]. 北京:中国人民大学出版社,2019.
[8] 梁俊娇. 纳税筹划:第十版[M]. 北京:中国大学人民出版社,2022.
[9] 李蕊娟. 做中国最大的"花瓣生意"[J]财会月刊. 2013(31):42—44.
[10] 孔莉,余虹,陶小龙. 创新创业基础[M]. 北京:高等教育出版社,2018.7
[11] 全国注册税务师执业资格考试教材编写组. 税法(Ⅰ)[M]. 北京:中国税务出版社,2021.
[12] 全国注册税务师执业资格考试教材编写组. 税法(Ⅱ)[M]. 北京:中国税务出版社,2021.
[13] 王卫东,黄丽萍. 大学生创业基础[M]. 北京:清华大学出版社,2015.
[14] 王玉娟. 纳税筹划[M]. 北京:中国大学人民出版社,2020.
[15] 王艳茹. 初创企业财税[M]. 大连:东北财经大学出版社,2019.
[16] 吴旭东,田雷. 税务管理:第7版[M]. 北京:中国人民大学出版社,2019.
[17] 谌宪伟. 创业与税收[M]. 长沙:湖南人民出版社,2019.
[18] 孔莉,余虹,陶小龙. 创新创业基础[M]. 北京:高等教育出版社,2018.7.